中国手仕事紀行

貴州省　雲南省

奥村忍

みんげい
おくむら店主

増補版によせて

凱里《カイリー》の町には、オート三輪が今日もわんさかといた。

四輪車では身動きが取りづらいような狭い路地を、満載の荷物にくわえタバコでクラクション全開に走り抜けていく運転手もいれば、カラの荷台に何かを積みたいが、仕事が入ってこなきゃお手上げさ、とばかりにハンドルにもたれ掛かり路肩で昼寝する運転手もいる。

二〇二四年春。四年数カ月ぶりに、その変わらない姿を見たら、「中国手仕事紀行」が自分の中に帰ってきた。そう、この姿、この景色なんだ。


この本の初版が刊行されたのは、二〇二〇年一月末。そう、まさに〝謎の疫病〟の発生源は中国であるらしいとニュースで流れ始めた頃のことだった。疫病は瞬く間に国境を越え、世界はみるみるうちに閉ざされていった。

まさかのタイミング。中国へ買い付けに行くこともできなくなり、いつ再開できるのかもわからない。途方に暮れていた僕をよそに、本書の初版は一年のうちに完売してくれたのだった。

やっと中国への渡航が再開した二〇二三年も、渡航にはビザが必要となり、その手続きの煩雑さや加速する円安が、僕の腰を重くしていた。

しかしこれには思いがけぬ抜け道があった。中国の指定空港を経て第三国に出国する場合、最大一四四時間の滞在がビザなしで許されるというもので、僕は福建省の厦門《アモイ》経由でフィリピンのマニラへ行く旅程を組み、二〇二三年十月に四年弱ぶりの中国渡航を再開した。

ノービザ渡航は日数の制限に加え、移動範囲にも厳しい制限があった。久々に中国の空気を吸い、町を歩く。旅のリハビリには充分だったが、もっと自由に動きたい気持ちが抑えきれなくなった。

そうしていよいよ二〇二四年、ビザ取得に踏み切り本格的に渡航を再開した。いざパンデミック後の中国に戻ってみると、キャッシュレス決済が更に拡充されているなど、社会システムは事細かに変化していたのだが、その反面、本書に書いたことの多くはシステムが利便化されるほど、僕の目にはその輝きが増して見えた。

ありがたいことに、中国買い付けを本格的に再開し始めた矢先にお話をいただき、パンデミック後の雲南・貴州の旅を新たな章として加筆した増補版をお届けできる運びとなった。二〇一九年までと二〇二四年の旅を読み比べ、そのコントラストを感じ取っていただけたら幸いです。

北方
子店

はじめに

貴州省の省都・貴陽から、最近できたばかりという高速道路を飛ばし、田舎に向かっていた。どのくらい経ったかわからない。昼飯の後だったので少しうとうとしていると、山あいの斜面にぽつんと小さな集落が見えた。初めての貴州省。人工的な高速道路が一直線に続く光景と、美しい瓦屋根と木造の建物が並ぶ素朴な村の姿との激しいコントラストを、僕は一生忘れないだろう。

「みんげい おくむら」というウェブショップを立ち上げたのは二〇一〇年、二十代の終わり頃だった。以来、民藝を取り扱い品の中心とし、できるだけそれらが作られる現場を訪ね、理解し、伝える、ということを大事にしてきた。月の半分はそうして国内外どこかしらの現場に出向くようにしていたのだが、同業の大先輩から「月の三分の二は外に出なさい」と叱咤されてからは、それを守っている。家族、特にまだ二歳の坊やには申し訳ない気持ちもあるが、僕にとっては旅が暮らしの基本になっている。

もうひとつ大事にしているのは、海外の手工芸品を取り扱うことだ。日本には、すばらしい手仕事がたくさんあって、それらをもっとさまざまな角度から照らすためには、海外の品が必要だと思っている。それは、両者を比較して上下関係や優劣をつけるということではない。横並びにして互いを照らしあう、そんな健康的な関係性が作りたいと思っている。

僕の中国との付き合いは長い。まだ小学生だった一九九二年に初めて足を踏み入れて以来、これまで何度となく旅をしてきた。高校の修学旅行も中国だったし、最初に勤めた商社では中国の沿岸部にある企業と仕事をしていた。ガイドブックに載らないような土地を旅する面白さを知ったのは、この頃だった。

現在のパスポートだけでも、中国の入国記録は三十回を超えている。おおよそ三十年に渡ってこの国の大きな変化を体感してきたし、東西南北いろんな場所を旅してきた。しかし、日本よりも二十五倍以上も広く、十倍も人がいて、それが五十六もの民族に分かれている国だ。どれだけ旅をしても、語り尽くすことはできない。

どの町にも路地裏には手仕事があり、そこにはおだやかな暮らしの時間がある。

もちろん、この時代だから失われつつあるもの、失われたものも多いことは確かなのだが、そのわずかな気配を求めて、何度も何度も足を運ぶ。

かつて、〝民藝の父〟と称された、思想家であり民藝運動の中心人物だった柳宗悦は、一九四八年に『手仕事の日本』という本を出版した。太平洋戦争が始まる直前、一九四〇年前後に訪ね歩いた北海道を除く日本全土の手仕事を、広くわかりやすく紹介したものだ。柳ら民藝運動を推し進めたメンバーがいかに各地を旅し、いかに手仕事の悦びを伝えようとしたのか。こんな仕事をしている僕にとっては、バイブルのような一冊。もちろん、じっくりと日本中を歩き回った柳らの活動に比べれば、まだ足元にも及ばないのだけれど、ここ数年は、さながらひとり「手仕事の中国」活動をしている気分で中国全土を旅している。

その中でも、本書で取り上げる雲南省と貴州省には、もっとも多く足を運んできた。秘境、絶景と呼ばれるような場所が、そこかしこにある雲南省。かたや最貧の省と呼ばれながらも、独自の文化を今なお残す貴州省。

このエリアに惹かれたきっかけは、一枚の布だった。かつてどこかで手にした、貴州省のろうけつ染めの古い布団カバーで、いわゆるボロだ。

好きな藍染めの布を求め、アジア各地を旅してきた自分にとっての終着地が貴州省だった。綿を育て、手で紡ぎ、織り、布にしたものに、蜜蝋で模様を描き、藍染めをする。そんな布を縫い合わせて布団カバーにしたものが、使い込まれてクタクタに、これ以上ないほど柔らかくなっている。そして、たくさんの繕いもあった。ひとりの女性の手で原料から最後まで作られたものだと思うと、その布はあまりにも尊いものに思えた。

こんなものが作られている場所を訪ねてみたい。そんな気持ちで飛び込んでみると、古いものだけではなく、現在も作られているものもあり、その周りにもさまざまな手仕事が見つかった。

僕にとって手仕事とは、単に陶芸や織物、編組品のようなものだけではない。たとえば、棚田も、中国茶も、あるいは郷土料理、建築、そういった文化、暮らしのことのすべてを含んでいる。

土地を歩き回りながら五感で感じ取るたくさんの刺激を、かつて手仕事を探して旅をした先人たちも感じてきたのだろうと想像する。

数十年前に日本が失ってしまったような暮しの景色の中に、先人たちが生きた時代と、今の我々の時代との間を埋めるような何かを見ているのかもしれない。

目次

・本文中のルビは、中国語を片仮名、日本語を平仮名で表記しています。

雲南省《うんなん》

「ひとつの山に四季があり、十里行くと天気が変わる」という格言があるほど、バラエティに富んだ地勢を有する雲南省。プーアル茶の産地としても知られる南の低地は亜熱帯気候、チベット文化圏のシャングリラをはじめとする北の高地は、冬にはマイナス気温となる亜寒帯気候と、同じ雲南省にあっても多様な風土と少数民族が結びつき、さまざまな文化が生まれてきた。中国全土に五十五の少数民族が暮らしている中で、雲南省には二十五の少数民族の居住区がある。すべてにおいてひと口には語れない多様性が、雲南省ならではの魅力なのだ。

[中国全土]
北京
上海
雲南省

徳欽《ダチン》
香格里拉《シャングリラ》
塔城《ターチョン》
麗江《リージャン》
沙渓《シャーシー》
大理《ダーリー》
巍山《ウェイシャン》
公郎《ゴンラン》
昆明《クンミン》
幸福《シンフゥ》
普洱《プーアル》
上允《シャンユン》
孟連《モンリェン》
景洪《ジンホン》
勐海《モンハイ》

雲南省

昆明

二〇〇三年十二月三十一日、僕は初めて雲南省の省都・昆明を訪れていた。二〇〇四年がもうすぐそこ、という微妙なタイミングに、まだクリスマスツリーがロビーの真ん中にデンと居座る大箱のホテルでチェックインをしていた。あの夜は、麗江《リージャン》からの飛行機が遅れたんだった。

部屋に入ったとたんに二〇〇四年がやってきて、急いでテレビをつけてＮＨＫワールドを観たら、日本は時差ですでに二十五時だった。

一月一日も、中国の朝はごく普通の日常だった。

ホテルの裏には野菜を売るおばちゃんがいて、なんてことのない朝の姿に拍子抜けしてしまった。本当に暦が違うんだな。

昆明は、日本だと「コンメイ」と呼ばれることが多いが、なんとなく現地っぽく「クンミン」と呼ぶほうが個人的にはしっくりくる。標高が一九九〇メートルほどあるから、暑くなりすぎないし、南西部に位置しているから冬も寒くなりすぎることもない。過ごしやすい町。

初めてこの町を訪れた時は、町の近くに空港があったのだが、二〇一二年、ずいぶん離れた場所に新しく大きな空港ができた。今やこの空港は、中国で四番目のハブ空港。到着便を眺めていると、内陸の田舎町というイメージは吹っ飛ぶ。アジアを中心に世界中から飛行機がやってくる。旅人としては、町への移動にずいぶんと時間が掛かるようになったのは残念なことなんだが。

日本からの経由便が昆明に着くのは、たいてい夜遅くだ。町と空港をつなぐ地下鉄も開通はしたが、その時間では動いていない。だからいつもタクシーか鉄道の昆明駅近くに停まるバスを使って町に出る。どちらの場合も道のりは同じ、高速道路に乗って町の中心部に近づくと、さまざまな方向から高速がつながり、ぐるぐるとジャンクションを回って方向感覚を失う。

四十分ちょっとでたどり着く町の中心部。雲南省といえば少数民族が多く暮らす土地というイメージがあるだろうが、それとはかけ離れた人口七百万人の大都会だ。民族衣装を着た少数民族と出会うこともなかなかない。町が大きいぶん、宿泊予約サイトではどこに宿を取るべ

ネオンが瞬く昆明の夜

きかイメージがつかみにくいのだが、僕は次の移動のことも考えて、いつも昆明駅の近くに宿をとる。

そもそも雲南省自体が、日本の国土よりも広いのだ。だからちょっとやそっとの日程の旅で、雲南省の全体像を掴むなんて到底できっこない。

二〇十八年には、写真家と料理家の友人と一カ月かけて雲南省南北縦断の旅をしたが、それでも地図を見れば行けなかった場所のほうがはるかに多かった。

中国南西部に位置する雲南省は、本書に登場するもうひとつの旅先である貴州省の西隣にあり、西側はミャンマー、南側はベトナム、ラオスと国境を接している。

ここに中国全土に暮らす五十五の少数民族のうち二十五の民族が暮らしていると言われ、少数民族の種類は貴州省よりも多い。貴州省に比べると、南北に長く、高低差も大きい。貴州省では民族は違えど、皆ある程度暮らしの姿が似ているように感じるが、雲南省はそれぞれにアイヌと琉球、といったぐらいの差を感じさせる。

省都の鉄道駅は巨大

中国の省都での過ごし方は、僕の場合どこもだいたい同じだ。博物館と食。昆明では雲南民族博物館には絶対に行ったほうがいい。

雲南の民族博物館は、隣が雲南民族村という少数民族文化のテーマパーク（こちらは未訪問）になっているので、探しやすいしアクセスもいい。ちょっと町の中心からは離れているが、路線バスでも行けるのでありがたい。

ここは展示がすばらしいのだ。中国最大の民族博物館と言われるだけあって、少数民族への敬意を感じる。衣装だけでも圧巻だし、建築や祭りなど、どのコーナーも充実している。さらっと見るなら二時間というところだろうが、個人的にはいつも一階をじっくり見たらお腹いっぱいになってしまって、休憩するか日を改めて二階を、というほどの満足感がある。

付け加えると、値段は高いけれど売店にもそこそこ面白い民族衣装や民具、織物などが集まっているし、資料としての本もたくさんあるのがうれしい。

昆明は食もバラエティに富んでいる。なにせ広大な雲南省の省都なのだ。東京に各地方の郷土料理が集まっているように、昆明にも雲南の東西南北さまざまな少数民族の料理が集まっている。

冒頭の一月一日の夜、僕は昆明で初めて狗肉米線《ゴウロウミーシェン》（犬肉の入った米麺）を食べた。薄切りの犬肉は思ったほどクセがなく、トッピングの香菜と落花生の香りと食感が効いていた。その頃はまだ、僕にとっても雲南で主流の米の麺自体、馴染みが薄かったし、犬の肉はまさかその後も各地で度々食べることになるとは思わなかった。

距離的に近いから文化が似ているのか、雲南と国境を接するベトナム北部でも犬食は珍しくないし、中国国内でも、雲南のお隣の貴州省では冬、あるいは祭りの時に狗肉火鍋《ゴウロウフオグオ》（犬鍋）をよく食べる。そして東北地方に行けば、朝鮮族が体を温めるために補身湯《ブシエンタン》と呼ばれる犬肉のスープを日常的によく食べている。

昆明の外れに、僕が雲南を車で旅する時、ドライバーをお願いしている漢民族の男、ジャックが住んでいる。この町の渋滞事情をよく知っている彼は、僕よりもいくつか年上。もともと教師で、クセのない英語を話す。雲南省の大理《ダーリー》の出身で、親が失敗した事業の借金を背負って昆明で教師をしていた。

その借金にメドがついて転職したのがドライバー兼ガイド業。この仕事で出会った奥さんとの間に子どもがいる。奥さんも退職せずにガイドを続けているので、家事を手伝うためにジャックのお母さんが単身で出てきて一緒に住んでいるが、お父さんは田舎が好きなので、ひとり大理に暮らしているという。

彼の朗らかさは、きっと根っからの性格に加え、若い頃から苦労をしてきたからなのだろう。笑顔を絶やさない、こういう仕事がぴったりのナイスガイ。

ドライバーやガイドは、お客さんとは別に食事をする場合もあるけれど、ジャックは好奇心旺盛だし自称ビッグイーターなので、いつも一緒に食事をしてもらっている。なので、だいたい僕が好きそうな珍しいものや旬のものには目を光らせてくれている心強い存在だ。

経由便をうまく組み立てると、雲南省内でも昆明以外の町に直接アクセスすることもできるのだが、特に雲南省の北部の高地に行く場合は高山病が怖いので、高地順応のために必ず昆明に一泊はするようにしている。この町では体が「高地だ」と感じることはないのだが、それでもほぼ海抜ゼロメートルの地元千葉からやってきているのだから、いきなり二五〇〇メートル以上の町へ行くのは怖い。

そんなわけで、やはり雲南省の旅の入り口は昆明になるのだ。

華寧の青釉のうつわ

昆明で唯一の骨董街はそれほど大きくもなく、あまり期待が持てなかった。実際に回り始めてみると、その期待値はさらに下がった。平日だったからというのもあるけれど、開いている店は少ないし、開いていてもどうでもいいような別の土地の骨董ばかりが並んでいたからだ。中国のどこであっても、骨董屋はできるなら土日に行くのがいい。大きな骨董街では土日は青空市場が開催されるから、ものがたくさん集まってくる。

ひとしきり骨董街を回りあきらめかけた頃に、これはというものが見つかった。いかにもクセモノ、いかにも骨董屋という顔をした初老の男性の店。薄暗い店内のガラスケースの上に、無造作に五、六個の焼きものが置かれていた。

青緑色をしたそのうつわは、明らかに古いものだった。酒杯のようなものと、小皿、小鉢。なるほど、どこかのあるひとつの産地で作られているに違いないが、今まで別の土地で見たことがない。「これは雲南省のものですか?」と聞くと「そうだ」と。雲南省のどこかと聞けば、華寧《ホアニン》のものだという。発音ではわからなかったので、古新聞の隅にそれを書いてもらう。華寧、見覚えのある地名だ。昆明の南、そう遠くない場所。現在も窯場だそうだが、この風合いは今作られているものにはもうないとのこと。そうだろうな。あったらびっくりだ。

　青緑っぽいものは小鹿田《おんた》焼の古作の青釉のようで、のんびりとしたよい色。いわゆるペルシャ釉ほど青が強くはない。クリーミーな青とでも言おうか。土も粗いもので、焼きの表情がよい。土の不純物などが吹き出したり、いかにも古い雑器という感じ。

　こういう場では、値段交渉に不利になるから興味を持っていることをあまり悟られないようにしなければならない。なんとなく他のもののことも聞いてみたりするが、店主はガラスケースに入っているものは取り出すのも面倒だ、といった感じでいかにも商売っ気がない。

　僕らからすると不思議なのだが、せっかく商売になりそうなのに、あまりにもやる気がない人がこの国では多く見られる。それは骨董屋に限らずだ。二十年前なら店に入るだけでなぜか舌打ちをされたりしたことを思うと、今はいくらかマシにはなっているのだが……。

　いざ商談。

　この店主は値段をなかなか引いてくれない。玄人なら

気になる街角

わかる値段をしっかりと提示してくる。

こちらからすると、その値段でも別に悪くはないのだが、なんだか納得がいかない。あるものすべてもらう（と言っても五、六個なんだけど）と言うと、やっと少々の値引きをしてくれた。そんなもんだろうという落としどころで。

買った皿は、白身の刺身などによく似合いそうだし、小鉢も和食によさそうだ。杯も日本酒か、泡盛の古酒あたりをしっかりとイメージできる。きっとよろこんでくれる人がいるだろうな、と確信できた。


さて、これで最後かな、と思ってその店を出たら、もう一軒見つけた。

華寧のものを中心に扱っている小さなお店。店主は坊主でメガネ。気が合いそうだ。四十代後半という感じで界隈の骨董屋から比べるとずいぶん若い。しかも物腰がとってもやわらかい。やる気もあるし、話好きだ。僕が華寧のものが好きだとわかると狭い店のあちこちから薦

手書きのレシートは嬉しい旅の記録

めの品を出してくる。

そうそう、こうじゃなくっちゃ。値段を聞くと、さっきの店の値付けは妥当だったと思える金額で少しホッとした。

華寧の焼きものには、先の青緑っぽいものだけでなく、白系や他の色の釉薬もあることがわかった。青緑っぽいものと白っぽいものが、僕には特に魅力的に思える。白も独特のなめらかさがあり、美しい。原土が白土系なので、釉薬の色が素直に出る。

皿は取り皿ぐらいまでの大きさのものしか見当たらず、鉢の類が多い。これはまるで植木鉢かというような大きなものも魅力的だ。

小鉢・汁碗あたりのサイズと、大ぶりな花瓶などを買うことにする。それから中国茶用の湯こぼしのようなものと茶壷も。連絡先も交換しあって、また次回の再会を誓った。

数十軒あるうちのわずか二軒だが、こうした民のためのものを扱ってくれている店があったのはありがたい。中国では、骨董は官のためのものが中心で、民のためのものに注目する人はあまりいない。そのためか、特に内陸のこうした民窯のものは、情報すら日本には伝わっていない。この華寧の焼きものとて、まだ日本には紹介されていなかった。

こうした古民藝を見つけて、自分が美しいと思ったものを世に問うのはワクワクする。この仕事のひとつの醍醐味で、そこまでの苦労など一気に吹き飛ぶ瞬間。この華寧の焼きものも、ゆっくりと愛好者を増やしていきたいもんだ。

あとから調べたところ、華寧は玉渓市《ユイシー》に属し、玉渓には華寧と同様の特徴を持つ窯場が他にもあったようだ。明の時代に景徳鎮《チントーチェン》（江西省北東部、千年以上の歴史を持つ中国第一の陶磁器の生産地）から技術が伝わり、華寧の焼きものはこの地を代表する窯場になった。その頃は、景徳鎮と同様に染付けのものが主流だったようだが、明代末期には僕が買ったような青緑色のものや白っぽいものが増えていったという。

雲南省では、中薬（漢方）の古い店に行くと、棚にずらりとこの青緑色の釉薬の薬壷が並んでいたりする。それがまさにこの華寧の焼きもの。その姿は壮観で、いつか壷だけを買い占めてみたいと思っている。

二〇一八年の旅では、この玉渓市をたまたま訪れることになった。高速を降りてごはんを食べただけだったのだが、その店が農家料理を謳っていただけあって野菜がおいしかった。そんな記憶があるものだから、華寧にもいつか古い窯跡を見にいってみたい。

銅のごはん鍋

雲南省の現行の工芸で、最も美しいもののひとつだと思っているのが、銅の叩き出しの鍋だ。雲南省の全土に、いろんな銅鍋がある。こんなに広範囲に、場所によって形も違う銅鍋文化があるのは、世界的にもかなり珍しいように思う。

その中でもごはん鍋は、独特の丸っこいぽっこりとしたごはんを包むようなフォルムで、実用と見た目のよさを兼ね備えている。よくぞこんな美しい鍋がこの時代に残ってくれていた。あっぱれだ、と言いたい。

料理をよくする人にとって、銅鍋は憧れの道具だろう。雲南省の人々にとってはもちろん高級な道具になるのだが、我々日本人にとっては、比較的手にしやすい値段になっている。つまり、〝買い〟だ。

「洋芋火腿燜飯《ヤンユィフオトウイメンファン》」とは、雲南省の郷土料理で、じゃがいもと火腿《フオトウイ》（中華ハム）、にんじん、それにピーマンかグリーンピース、といった感じのシンプルな具の炊き込みごはん。店によっては、これを「銅鍋洋芋飯《トングオヤンユィファン》」とメニュー表記しているところもあるぐらいだから、むしろ主役はこの銅のごはん鍋と言ってもいいかもしれない。

まるっこい鍋の蓋をパカっと開ければ、シンプルだが美しいそのできあがりに思わずため息が出る。お店でもこの銅鍋ごと提供されるのが常。こればっかりは銅鍋で出てこないとがっかりしてしまう。

見た目だけではない。味だってもちろん抜群だ。野菜は事前に軽く素揚げされており、ホックホク。ハムの油分もあるのでお米はつやっつや。ハムの旨味と野菜の甘み。ごろごろした具の食感も気持ちよく、滞在中に胃腸が疲れると、こんなごはんにちょっとした野菜のおかずがあれば十分。まさに、素朴な雲南料理を代表する一品だ。

二〇一八年の旅で、たまたま普洱《プーアル》市の田舎の小さな町で車を止めて散策をしていたら、金物屋というか調理器具一切を作っているお店に出合った。

並んでいるのは、飲食店で使う蒸し器や大きな鍋、酒の蒸留装置など。ステンレスやアルミで作られているものがほとんどだったが、店の片隅に銅のごはん鍋もあった。

雲南省や貴州省の少数民族の家庭では、今も簡易な蒸

市場の米麺売り

留装置を使って焼酎を作っている。そのステンレスの蒸留装置が、こうした家族経営の金物屋で作られているのだ。

変色しないように、大事そうにビニール袋に入っていたごはん鍋の値段を聞いたら、他ではさっと値段を言われるのが常なのに、重量を量ってから値段を伝えてきた。ちょっと他よりも高かった。かなり厚めに作っているからだという。銅鍋は厚いほうがよいものとされている。確かにずっしり。これはいい。

ところで、このごはん鍋はずいぶんといろんなサイズがある。一合炊きくらいから、七、八合炊けるぐらいのどデカイものまで。工業製品ではないので、似たようなサイズでも微妙に見た目の個性が違う。いくつかのサイズをうまく組み合わせれば入れ子にして運べる、と教えてくれたので、大・中・小と入れ子にして買った。なかなかの商売上手。あちらもこちらもにんまりだ。だって、僕だけでなく同行の料理人も写真家もその鍋を買ったのだから。

銅鍋専門店の元気なお母さん

中国に比べたら、日本の銅鍋は高い。熟練の職人がひたすら叩くその作業を考えれば、単に高いというわけではなく妥当な値段なのだが、実際にそれを手に入れられるのはごく一部の人だ。叩きの質や仕上がりの細やかさは、日本のものが優れていることは一目瞭然だが、雲南省の銅鍋もほどほどの質でいてカジュアルな値段だから、家族の台所を潤すには十分なんじゃないかと僕は思っている。

米炊き以外にも、ほどほどのサイズのものなら煮込み鍋としても優秀だ。じっくりと煮込むスープなんかにはぴったり。銅の熱伝導のよさをしっかり生かせるから。使い倒すと銅鍋は見事な育ち方をする。

味のよさも、育っていく楽しさも日本の土鍋に匹敵する。使い始めて数年の我が家のものも、早くもっともっといい顔になってもらいたい。

プーアル茶

中国と台湾の手工芸を探し求めて各地をフラフラしているうち、ある結論にたどり着いた。この土地に今なお残る手工芸の中で、〝お茶〟は最も民藝的なものづくりであると。

お茶の産地に行けば、きっと茶摘みや製茶に使う、その土地らしい昔ながらの道具が見つかるだろう。はじめはそんな軽い気持ちで、ある台湾の茶産地に出かけたのだった。

ところが道具以上にお茶づくりそのものが、すばらしい手仕事だったのだ。

この時出合ったのが、今でもうちの店で扱っている〝東方美人茶〟という少し変わったお茶。独特の香りがしてちょっと紅茶のような雰囲気のあるお茶で、その香りは茶葉の生育の過程で、ウンカというイネ科の害虫が葉につくことで生まれる。農薬を散布した畑にはウンカがやってこないので、雑草もボウボウのおよそ茶園とは思えないような、極めて自然に近い生態系の中で茶葉が育つ。

それを手摘みし、人の手、いや五感で製茶していくのだ。東方美人は発酵度が高めのお茶だから、その発酵の過程や、発酵を止めて熱を加えていく過程、夜通し続く製茶の作業中は、体をゆっくりと休める暇もないという。

原料から、お茶という品ができあがるまで、すべてが手仕事。どこかで楽をすれば質が落ちるし、無理に生産数を増やすこともできない。しかし、そんな気の抜けない作業も、どこかあっけらかんと行う職人たち。土地、風土という個性を生かしながら、人の手や感覚が加わってできあがる。そんなお茶作りを、僕はとても民藝的だと感じたのだ。

それ以来、買い付けの旅先にお茶の産地があればできる限り立ち寄って、各地のお茶づくりを見させてもらうようにしている。

雲南省は、世界的に知られるプーアル茶の産地である。二〇一八年に雲南を縦断する旅をしようと思った時、迷わず南から北へ向かうルートに決めた。

かつてプーアル茶は、〝茶馬古道〟と呼ばれる交易路を通って、チベットへと運ばれていた。茶とともに、食料品や日用品を積んだ人と馬のキャラバン隊は、険しい道を何日もかけて移動し、その帰りには、チベットから珍しいものが積まれ、雲南省に運ばれてきた。

それまでは、雲南省の目ぼしい土地を、点と点でバラバラに旅しながら手工芸を探していたのだが、このルートなら一本筋道が通って、自分にとっても雲南省のことをより深く理解できるような気がした。

二〇一八年四月。僕と写真家と料理家は、昆明から車で一日掛けて雲南省の最南端、西双版納傣《シーサンパンナタイ》族自治州の州首府である景洪《ジンホン》市にやってきた。

ここは最近日本でもよく耳にするシーサンパンナ地方の中心地。やってきたその日と翌日は、タイ族歴のお正月のお祭り（タイ王国でソンクラーンと呼ばれる水掛祭りと同じお祭り）の真っ最中で、町は夜になっても熱気にあふれていた。

熊本に住む茶友、Iさんから事前に聞いていたお茶屋さんを目指したが、町は祭りによる通行止めと路上駐車で車を止める場所さえ見つからない。とりあえず僕らだけ車を降り、お茶屋さんへ向かった。

老板《ラオバン》（店主）の呉さんは、聞いていた通りのやさしい面持ちで、「まずはこれを」と、今年できたばかりのプーアル茶を淹れてくれた。

若いお茶らしくフレッシュさのあるそのプーアル茶は、一日の移動疲れを忘れさせてくれる旨さだった。ところが、何煎か飲むと、呉さんは見透かしたように「夕飯がまだでしょう？」と言った。到着が遅れて、すでに約束の二十時を過ぎていたのだが、呉さんは「夕飯で胃を落ち着けてからまた飲みにくればいい」と言い、おすすめのごはん屋さんの予約までしてくれた。僕らはタイ族の伝統料理をたっぷり堪能し、再び呉さんの店へ戻った。

それから、たくさんのプーアル茶を飲み比べた。ここで飲むのはプーアル茶の〝生茶〟だ。プーアル茶は二つの種類に大別される。〝生茶〟と〝熟茶〟。簡単に言えば、生茶は本来のお茶。熟茶は、最近作られるようになったお茶。日本で飲めるプーアル茶といえば後者のものがほとんど。大量生産しやすいものだからだ。

プーアル茶を想像した時に、茶水の色が濃い茶色、焦げ茶色のような色を想像した人は、だいたいそれです。

ETG

熟茶とは、菌をつけて強制的に発酵、熟成させる製法なのだ。年代を経たような味を最初から出させる作り方なので、経年による味の変化はあまりない。

それに対して生茶は、日本でいう緑茶に近い作り方。摘んできた茶葉を風通しのよいところに置いておくと、少し葉がしぼんで酸化発酵する。その後、釜炒りをして（日本では蒸すのが主流）、揉んで、天日干しをする。一つひとつの工程は簡単なようだが、それだけに職人の腕と感覚が問われる。

できあがった茶葉もすぐに飲めるが、寝かせればゆっくりと味わいが変化し、熟成していく。その変化の楽しみもあって、中国茶が好きな人たちには、こちらのほうがより愛されている。

呉さんが扱うお茶の産地や熟成年数による味の違いをひとしきり試したあと、呉さんに訪問できそうな生茶の産地を教えてもらった。僕らには、極めて限られた日程しかなかったこともあり、茶樹王《チャアシュウワン》と呼ばれる樹齢千年以上の古樹を見にいくことと、日常的な生茶を生産している茶園を見にいくこと。この二つに狙いを絞った。

それにしても、シーサンパンナ周辺には、膨大なプーアル茶の産地がある。そして、山が違えば味も違う。年によっても違うし、製茶の仕方によっても違う。まるでワインのような世界。

僕はその道のプロでもないし、そこまで違いがわかるような繊細な感覚も持っていないので、呉さんのような信頼できるお茶屋さんがセレクトしてくれるものを、信頼して買うぐらいがちょうどいい。

ところで、プーアル茶を作っているのは、どの民族なのだろうか。恥ずかしい話だが、この旅にでる前まであたり前のように飲んでいたプーアル茶を誰が作っているのか、考えたこともなかった。プーアル茶の産地は、雲南省最南部の広い範囲に渡るから、おそらくひとつの民族ではない。調べてみると、タイ族、拉祜《ラフ》族、哈尼《ハニ》族、布朗《プーラン》族、愛尼《アイニ》族、彝《イ》族……と、これらの地域に暮らす少数民族の人たちがプーアル茶作りに携わっていることがわかった。

その後、僕らは二日間かけて西双版納傣族自治州勐海《モンハイ》県にある伝統の産地〝布郎山《ブランシャン》〟とその周辺を見て回った。ミャンマー国境に近いこのエリアには、プーラン族が多く暮らしているのだが、とにかく行けども行けども茶畑だった。日本の茶畑のような、ものすごく綺麗に整備された畑はわずかだったが、山一面に茶畑が広がる姿は心にグッときた。

ある村を通りかかると、アイニ族やハニ族の人たちがロードサイドで製茶をしていた。丸太の柱に、簡単に葉を編んだような屋根。その下に釜炒り用の窯やざるが置かれているだけの製茶システム。それがいくつも並んでいて、それぞれ二、三人の家族だと思われる人たちが作業をしている。量からしても家族で飲むのと、ちょっと市場で売る、というぐらいだろうか。ものすごく少ない生産量。

その近くにあるアイニ族の集落にお邪魔した。伝統的な木造の高床式の家屋。階段を上ると、部屋の中にはざるに入れられた茶葉が萎凋《いちょう》（茶葉を風通しのよい暗所で少し萎れさせ、微発酵を促す製茶工程）されていた。

壁には家族やアイドルらしき写真。少数民族の小さな暮らしの姿を垣間見た。

一方、茶樹王は、最高峰のプーアル茶の代名詞にもなっている「老班章《ラオバンジャン》」という名の集落の奥の山にあった。樹齢千年以上ともなると、樹高も十メートル近い。確かに、こんな茶の木は見たことがない。

老班章村では、茶樹王とは別の樹齢百年ほどの古樹の茶摘みも見せてもらった。三月から十月まで行われる茶摘みの三回目だそう。こちらは、高さ三〜四メートルほどの木で、なんと木に登って茶摘みをしている。この姿には驚いた。普通は茶摘みがしやすい高さに木をコントロールするものだが、ここでは木は伸ばしっぱなし。茶摘みの効率なんてものは考えられていない。

僕は、古樹の生茶が好きだ。日常的に愛飲しているのだが、木が蓄えてきたエネルギーがお茶にもしっかりと感じられるような、すばらしいものが多い。

その後、麓の集落に戻り茶農家を訪ねた。試しに、と飲ませてもらった二〇一八年の新茶は、僕にとっては唸るほどおいしいものではなかったが、樹齢八十年から五百年ぐらいの茶葉をミックスしたものだそうで、値段を聞くと、なんと一斤（五百グラム）で六千元だという。日本円にして十万円（二〇一九年現在）。しかも、ここにある茶葉の中で最も安いものだというので、さらに驚いた。

老班章が、プーアル茶の世界で最も知名度が高い産地であることは知っていたが、ここまで高額だとは。僕は珍しさに惹かれるほうではないので、ここのお茶は買う必要がないように感じた。

それでもせっかくきたのだからと、農家さんが十グラムほどタダで分けてくれたので、これをさらに十年ほど熟成させてみようと、僕の部屋でひっそり眠らせている。

老班章のお茶に値段通りの価値があるか、ということはさておき、伝統的なプーアル茶の産地の様子が見られたことには、大きな価値があった。

その後も、移動の途中にさまざまなお茶のあり様を見た。ある山では、低い高さに整えられた茶の木が一面に植えられた、まるで日本の茶畑のように美しい大規模茶園。またある産地のお茶の集荷場では、大量の茶葉が売買され、ものすごい粉塵とともにブルドーザーで運ばれていった。お茶はピンキリというが、その両極端を見た二日間だった。

僕はよく、このお茶のピンキリを陶芸の世界にたとえる。焼きものだって、土工場で生成された粘土を使い、化学的に作られた釉薬を掛け、電気やガスの巨大な窯で焼成するような超量産品から、土も釉薬も天然にこだわり、焼成ももちろん薪窯で、といった作家本人の手と感覚だけで作られるごくごく少量生産のこだわりの極みのようなものまでがある。

その中で、僕が扱う民藝の焼きものはこだわり寄りではあるが、ほどほどの量産ができるような規模。お茶でも、感覚的にはそのぐらいの規模感のものが値段も高すぎず、しかし味にはしっかりと個性があっていいように思えるのだ。

雲南省の南の果てでプーアル茶の産地を巡り、この気候・風土がしっかりと脳裏に焼きついた。茶馬古道はここから始まったのだ。

DAYANG

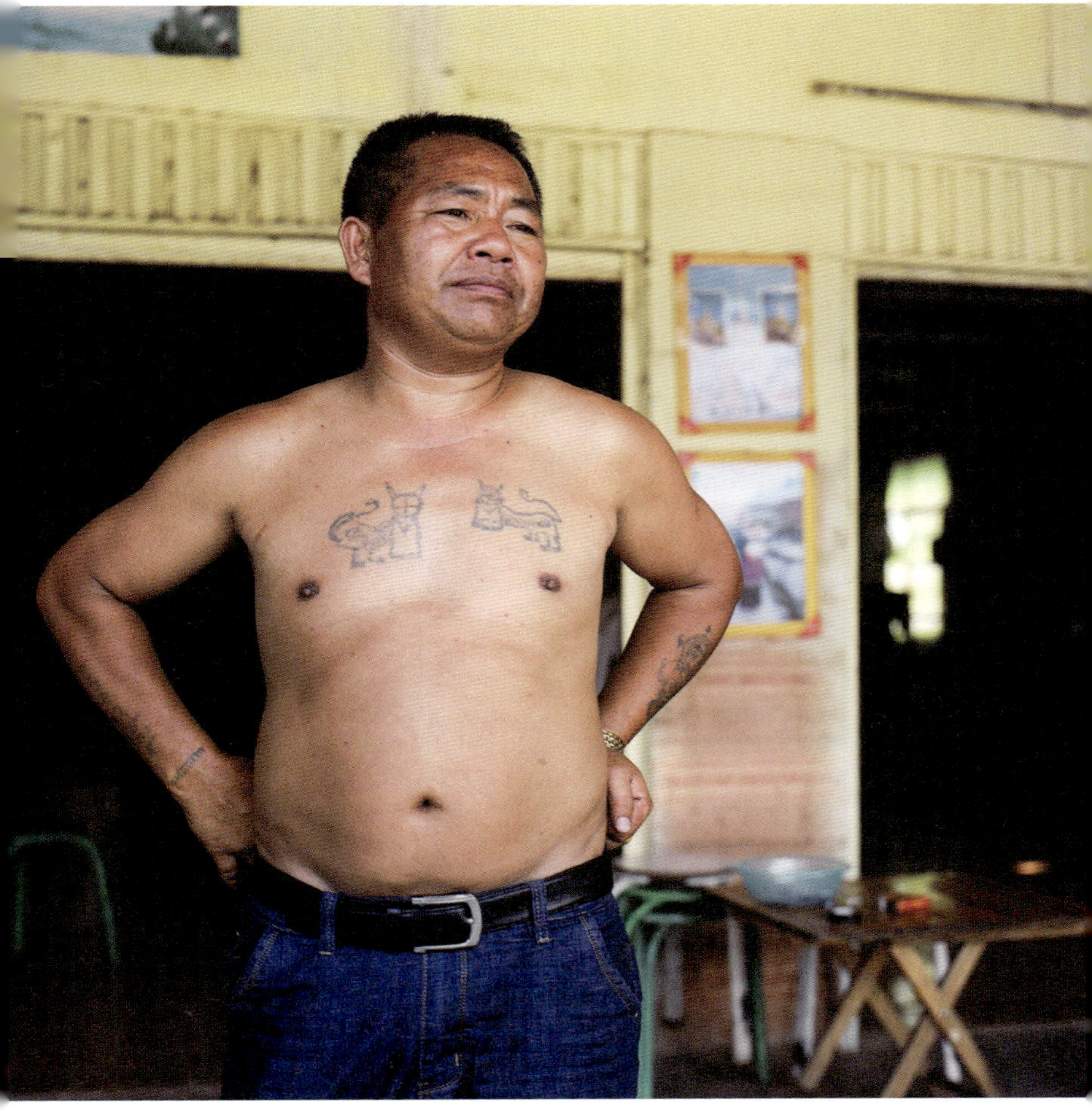

タイ族の入れ墨

プーアル茶の産地、勐海県を移動している時に、ロードサイドのある村が目に留まった。食事の準備をする女性たちと、こじんまりとして雰囲気のよい寺が見えたのだ。

慌ててドライバーのジャックに伝えて止まってもらう。集落の向こうには広大な茶畑もある。すてきなロケーションだ。

実際に行ってみると、寺は特に印象には残らなかったが、この村の生活の光景は印象的だった。このあたりは雲南省最南端に位置し、ラオス、ミャンマーと国境を接する西双版納傣族自治州。ここもタイ族の村で、家並みは高床式の木造と現代的なコンクリート造りが半々の割合で混ざっている。

偶然にも、この日はなんとタイ族歴の大晦日の夕方だったのだ。大晦日と言っても、我々の暦で言えば四月も半ば。亜熱帯のこの地域は暖かく、みな半袖姿だから、僕からすると大晦日の雰囲気とはほど遠いのだが、村の人々が高揚している感じはなんとなく伝わってくる。

歩いて通りがかったある家の土間には、昼間から大きな宴会をした跡があって、やっぱりこの日は特別なんだろうなと想像した。

車から見えた、広い土間で調理をしていた女性たちのところへいくと、子どもたちも集まってきた。普段はお茶作りをするスペースなのだろうか。お茶を殺青《さっせい》（製茶の始めに、葉の酸化を抑える工程）する大鍋とかまどがあり、その眼前には広大な茶畑と野山のそれはそれは豊かな景色が広がっている。大鍋の手前に、四角く囲った簡単な焚き火スペースがあり、薪火を起こして調理をしていた。

木をぶ厚く二十センチほどにぶった切ったまな板は床に直置きで、野菜を切るのも鍋で炒めるのも座らずに中腰の姿勢。ずいぶんと窮屈そうに見えるが、慣れればそういうもんなのだろうか。作っていたのは意外にも麻婆豆腐だった。

タイ族の人たちが使うテーブルや椅子は背の低いものが主流で、考えてみると基本的に彼らの日常の目線は低いところにある。

行き交う村人たちは、突然やってきた異邦人を好奇の目で見ている。男性は酔っ払っているからか、少々怖い

大晦日の宴のあと

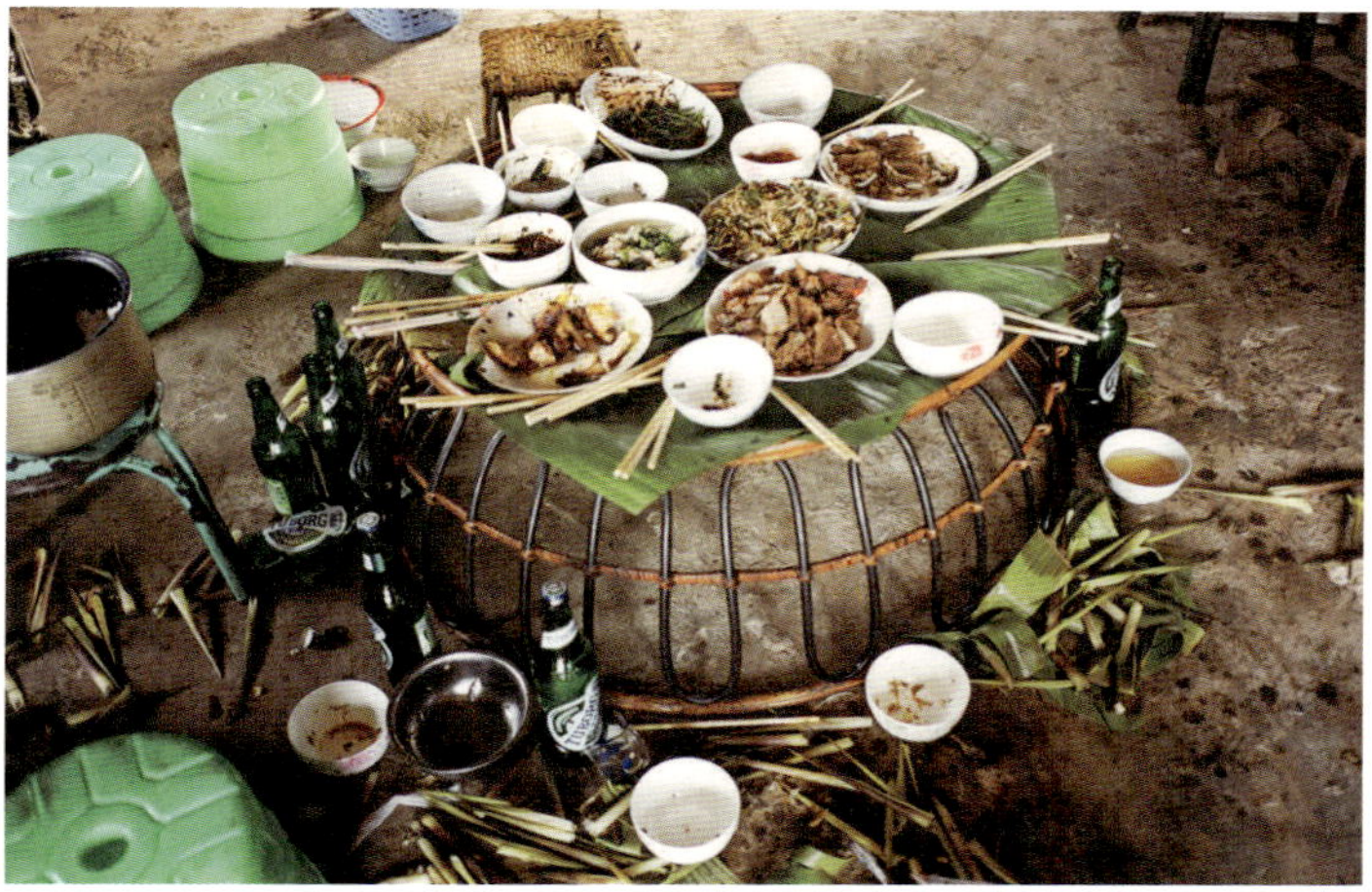

感じがした。昼間だし村の中なので、何かをされるというようなヤバい雰囲気ではないのだが、酔っ払いはどこの国であっても面倒なことが多いのでカメラは向けず、軒先でわいわいとお喋りをしている老女やその孫たちに話しかけるぐらいがちょうどいい。

ここにいる何割かの女性は、伝統の巻きスカートを履いている。手織りされたような生地ではなく、機械織りの既成の生地ではあるのだが。

そんな中、村の入り口あたりにやたらに笑顔で愛想のよい男性がいた。

「まあ座りなさい」と、簡素なイスを出して迎えてくれた。このまま喋ると酒でも出されて長居になってしまいそうだなと思ったのだが、この男性の胸の入れ墨が気になった。

「写真を撮らせてくれ」というと、男性は部屋に入っていき上着を着てきた。

「そうじゃないんだ、その入れ墨がいいのよ」と、なんとかジャックに伝えてもらう。

尽きない女性たちのお喋り

あとから調べてみると、雲南省のタイ族やシャン族には入れ墨の文化があり、蛇、虎、龍といった信仰のモチーフを彫り込むのだそうだ。蛇や虎は、それらに襲われる危険を避けるため、仲間であることを示すものなのだ。

この男性の胸の入れ墨も、おそらく虎なのではないかと思われる。日本であればヘタウマ？いやヘタヘタ？なんだけど、どこか愛らしい表情をしていて、この男性の雰囲気にすごく合っている。胸の入れ墨にばかり目がいってしまったが、左腕にも入れ墨があって、こちらは蛇が何かに巻きついているような図柄でかなり精巧だ。

どう見ても彫り師は別々なようだが、果たして誰が彫るのか。下絵があるのか、希望したものを彫ってもらえるのか。あれこれ気になったのだが、そこでタイムアップ。夕暮れが迫ってきている。ジャックが車に戻るように僕らを促した。

去り際に、やっぱり「もっとゆっくりしていけば？ごはんを食べていけば？」と言われる。少数民族の地域ではよくある、本当にありがたい言葉。丁重に辞退し、我々は先を急いだ。

米麺文化とその道具

雲南省の人たちは、麺をよく食べる。それも米から作られる麺が主流だ。省内で最もよく目にするのは米線《ミーシェン》という断面がまんまるのもの。プチプチ、モチモチ。食感が気持ちのよい麺だ。あっさりしたスープの米線は朝ごはんにもちょうどよく、雲南省に滞在すれば僕も必ず口にする。

米線だけでなく、ベトナムのフォーをもう少し幅広にしたような米粉《ミーフェン》も同じように人気がある。そうして米麺に慣れたら、ちょっと変化球もいい。おすすめしたいのが餌丝《アルスー》という、不思議な食感のある麺だ。これは雲南省中南部、大理白《バイ》族自治州に属する古都・巍山《ウェイシャン》が発祥で、大理周辺の町には、あちこちにこの餌丝専門の食堂がある。

米を餅にして、それを麺状にしたもの、とでも言えばよいのだろうか。ホゴホゴ？　モニモニ？　擬音語でたとえるのがなんとも難しい食感なのだが、餅であり麺である。好きになるとハマる。一緒に旅をしていた写真家は、これにすっかりハマってしまった。

銅鍋を使う文化が広く見られる雲南省にあって、最もカジュアルに使われているのが、麺茹で用の銅鍋だと思われる。雲南省南部を中心として、中部ぐらいまでに見られる道具だ。

丸底のぽってりとした形で、他の形の銅鍋に比べたら薄手。軽くラフに叩かれたような風合い。木の持ち手がすっと真上に伸び、ガスコンロの上で邪魔にならないように工夫されているのがとてもよい。使い込まれたこの鍋が、麺料理屋の厨房のガスコンロの上にいくつも並ぶ姿は、見た目も壮観。日本で使うなら、ひとり分のインスタント麺を茹でるのにもよく、ちょっと野菜を茹でたり、スープを作ったり、何かと活用法がありそうだ。

調理器具の話だけでなく、麺のためのうつわの話もしたい。雲南の麺料理屋では、丼鉢に琺瑯のものを使う店があるのだが、僕はこれが結構気に入っている。いわゆる高台のような足つきの丼鉢で、琺瑯らしいちょっとチープな感じが可愛らしい。

中国の琺瑯は、どこのものもだいたい雑な作りをしている。特にフチの処理が甘くて、すぐにポロポロと取れてしまうものが多い。でも、使い込むとそれが表情になってきて愛おしさが増す。日本の琺瑯器具とは別物だと考えれば、これはこれで十分にアリだ。

若者の髪型は、“カリアゲ”がトレンドのよう

ボウルや皿、丼。土地によって色や表情が違うもんだから、これまで湖南省や四川省などでも買い付けてきた。我が家では調理の補助器具として下ごしらえによく使うし、それがそのまま皿として食卓に上がることもある。

中国ではよく目にする朝の光景。日本の立ち食いそばのように、店にきてさっといつもの麺を頼んで、この琺瑯の丼鉢を手にざざっと食べて立ち去っていく。そんなローカルっ子たちを見るのも楽しい。

こうした食堂で米線を頼むと、麺を選び、調理してもらってできあがり、ではない。言ってみれば、その時点ではまだ七割しか完成していない。無料で入れてよいトッピング（香味野菜や漬物やスパイス）を、自分好みに加えて初めて味が仕上がる。

煮卵や目玉焼き、あるいは肉やモツといった追加の具だったり、無料トッピングの組み合わせだったり、ローカルっ子の技を盗んでちょっと上級者ぶれるようになったら、そこそこ土地に馴染んできたと言えるだろう。

市場の麺屋。丼の数からすると、忙しい店なのか

早餐欢迎您
重安天堂

水饺、馄饨
干拌粉/面 6元 7元
米豆腐、凉虾 6元
凉拌粉 6元
素粉/面 5元
绿豆稀饭
肉沫稀饭
炒粉

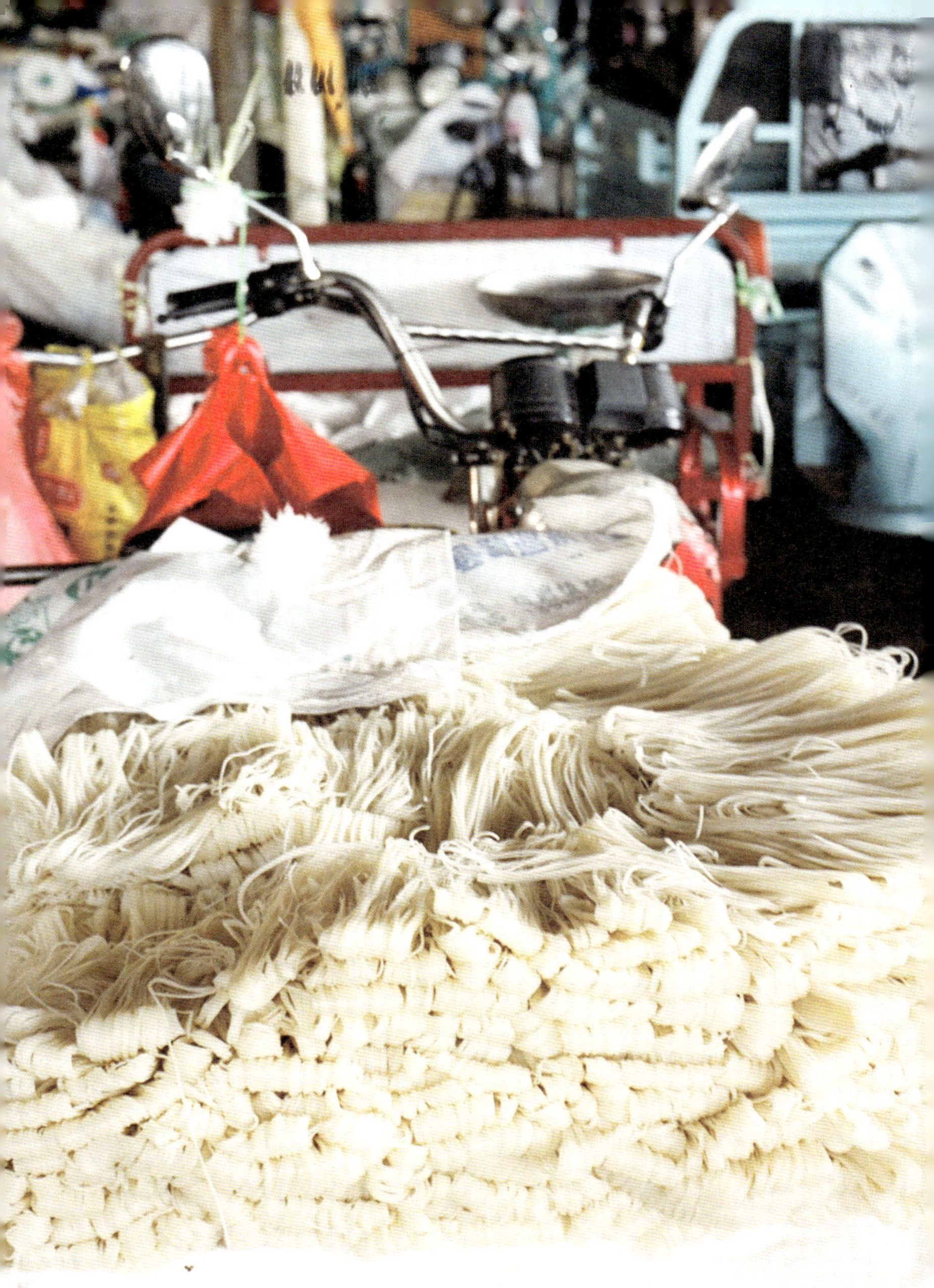

孟連の市場

プーアル茶の産地を巡る二日間を終えて、僕らは西双版納傣族自治州の西の外れ、ミャンマー国境の町・打洛《ダールオ》に立ち寄った。

僕ら外国人が国境を通り抜けることはできないのだが、ここには交易のためのさまざまなものが集まるので、もしかすると面白い手仕事もあるかもしれないと、ジャックの知人から聞いていたのだ。しかし、残念ながら空振りに終わってしまった。

宝石にはまったく興味はないが、ミャンマーからやってくる翡翠《ひすい》がいかに中国で人気が高いのか、ということは伝わってきた。わざわざそれを買いに、たくさんの中国人がこの国境近くの街道に並ぶ宝石店にやってくるのだ。

そこから北上し、孟連《モンリエン》という町に二泊することにした。

ここは普洱市の孟連傣族拉祜族佤《ワ》族自治県に属している。日本人には不思議な感覚だが、〝市〟の中に〝県〟がある。そして、普洱市の中心からは、なんと二百キロ以上離れている。これで雲南省の広大さが少し伝わるだろうか。

町に着いたのは夕方だった。事前に宿を予約していなかったので、宿を探しながら生暖かい風をうけて町をドライブする。

まだまだ雲南省の南部。町も人も南国っぽい雰囲気がある。この町は何か好きだな、と直感した。宿はこの町では比較的大きいというホテルに決め、荷物を下ろして暗くなる前に市場をひと巡り。

ホテルに戻ると、宿のオーナーから公安へ行くように言われた。

以前はよくあった。外国人が泊まれる宿が極端に少ない田舎では、宿に(時には部屋に)公安がやってきてパスポートの確認や、予定やら目的やらいろいろと聞かれたものだが、最近はとんと減った。しかし、向こうがくるならまだしも、こっちから出向かなければならないとは……。

公安の事務所は、車で三分ほどのところにあった。二階建ての簡素な作りの建物の二階に通され、意外にもかなりフレンドリーな応対で、事務的な手続きが進んでいった。

こういう時、いつもややこしいのがビザ問題だ。日本人は十五日以内の滞在であれば、ビザは必要ない（二〇一九年現在）。だが、パスポートを見せると決まって「なぜビザがないんだ」と言われるのだ。これは公安に限らず、ホテルでもなかなかの頻度で発生するトラブルである。

このトラブルが起こったら、運が悪かったと思うしかない。「必要ない」ということをなかなか納得してくれないのが、この国の人たちなのだ。三十分で済めばいい。下手したら二時間くらいかかることもある。この日は三十分くらいだった。わざわざ宿のオーナーまで同行させられたのだから、ご苦労なことである。

翌朝は、この町の観光名所である仏教寺院や民族歴史博物館を足早に見学し、再び市場へ向かった。前日、サラッと歩いた時に何かあるなという気配を感じていた。野菜や肉の売場の周囲に道具の売場もあって、そこそこの規模の市場だった。きっと周囲の山村から人がやってくるから、いろんなものが集まっているだろう。二泊目は終日この町に滞在するつもりなので、時間的にも気持ち的にも余裕がある。日用品や荒物を売っているお店をくまなく何周も回った。

地元の焼きものや竹細工を扱うお店、金物屋なんかが相当に面白い。たとえば竹細工を売っているお店は、どの品も南国らしく、ちょっとゆるくて作りも粗め。それだけを持ち帰りたいとまでは思わないのだが、ホウキだとかゴザだとか、鶏を囲っておくかごだとか、暖かい土地ならではの風情がある。暮らしの生きた道具たちだ。

金物屋も、工業的にきちっと作られた量産のものもあれば、そこらの職人によって作られたのであろう素朴な作りの刃物もあって、面白い。やはり銅鍋も売っている。

だが、この町で最も目を引いたのは、焼きもの屋だった。市場の中に二、三軒あって、どの店にも似たようなものが並んでいる。飴釉のシンプルな焼きものであったり、低めの温度で焼かれているであろう、素焼きの土器に近い焼きもの。これは今までに旅した町では見かけたことがないので、おそらく地元のものだろうと思って聞くと、聞きなれない土地の名前がいくつか出てきた。産地がいくつかあるようだ。

「紙に書いてくれ」と頼むが、中高年の人たちには、文字が書けない人が多い。結局、隣の店の文字が書ける若い子を呼んで書いてもらった。その子も、携帯電話で文字を調べてはいたのだが。

文字が書けない人がいるのは、中国ではよくあることで、市場で知りたい食材や調味料を尋ねても、同様のことが度々起こる。北京語での教育がまだ行き届いていなかった頃、彼ら、彼女らにとっ

て文字は必要なかったのだろう。

その焼きものは、謙六《チエンリウ》という地域の灰釉のものと、上允《シャンユン》という地域の素焼きの表面に緑釉が掛かったもので、僕はこの二つを買うことにした。

前者は、おそらく登り窯で焼かれていて、そこそこ数が出回っているものだと思われ、日用雑器らしい逞しさがある。後者は、低温焼成なので、緑の釉薬は鉛釉なのだろう。いわゆる〝アフガン鉢〟として知られている、アフガニスタンの民陶のような雰囲気がある。悪くない。ただ、焼かれている温度が低いだけに強度は弱いだろうから、日常でどんな風に使われているのかが気になった。

道具市場の一角にも、ミャンマー系の宝石商が集まるエリアがあった。やはり翡翠だ。僕には、彼らがミャンマー人に見えるのだが、国境が近いのでミャンマー側のシャン族かもしれないし、中国側のシャン族なのかもしれない。いずれにしても、北京語を流暢に話す姿には、どこか違和感があった。

休憩がてらに、ぶらぶらと食料品の市場を歩いてみると、ちょうど旬の時季を迎えたグミの実がそこら中で売られている。味見と称して、何人ものおばちゃんから食べさせてもらった。ちょっと渋みもあるが、甘酸っぱくておいしい。子どもの頃にどこかで食べた記憶があるのだが、どこだったか思い出せない。

すると、ひときわ目立つ民族衣装の人たちに出くわした。僾尼《アイニ》族の女性たちだ。帽子、上衣、ズボン、脚絆《きゃはん》。それから刺繍入りのバッグ。こんなフルセットで衣装を着ている人たちがまだいるのか、と驚いた。

あまりにその姿がすばらしかったので、写真を撮らせてもらった。帽子やアクセサリーには、チープで派手なプラスチックビーズがたくさんついていて美しいとは言えない。この点は、雲南省でも貴州省でも一緒。こういう市場の民族衣装屋さんに、大量に並んでいるのだ。

一方、上衣と脚絆の藍染、そしてボーダー柄になっている赤や茶の色は、天然染めらしいやさしい色合い。上衣の背中には、絹糸で細かい刺繍も入っている。

これはお祭りのための衣裳ではない。日常着だ。なんと力強い美しさだろうか。僕は大興奮してしまって、市場から宿への道すがら、その興奮を写真家に喋り倒した。

そして宿に着いたら、なんとフロントでまたアイニ族のおばちゃん四人組に出くわした。卒倒しそうなほどうれしい出会い。

おばちゃんたちが階段を登って部屋に行くので、そのあとを付いていった。おばちゃんたちはツインベッドの部屋を四人で使っているようで、そこそこ遠くからこの市場へ買いものにきていると思われる。突然の外国人の襲来にもビビることなく、おばちゃんたちはなにやら談笑している。その姿を、写真家にしっかりと収めてもらった。

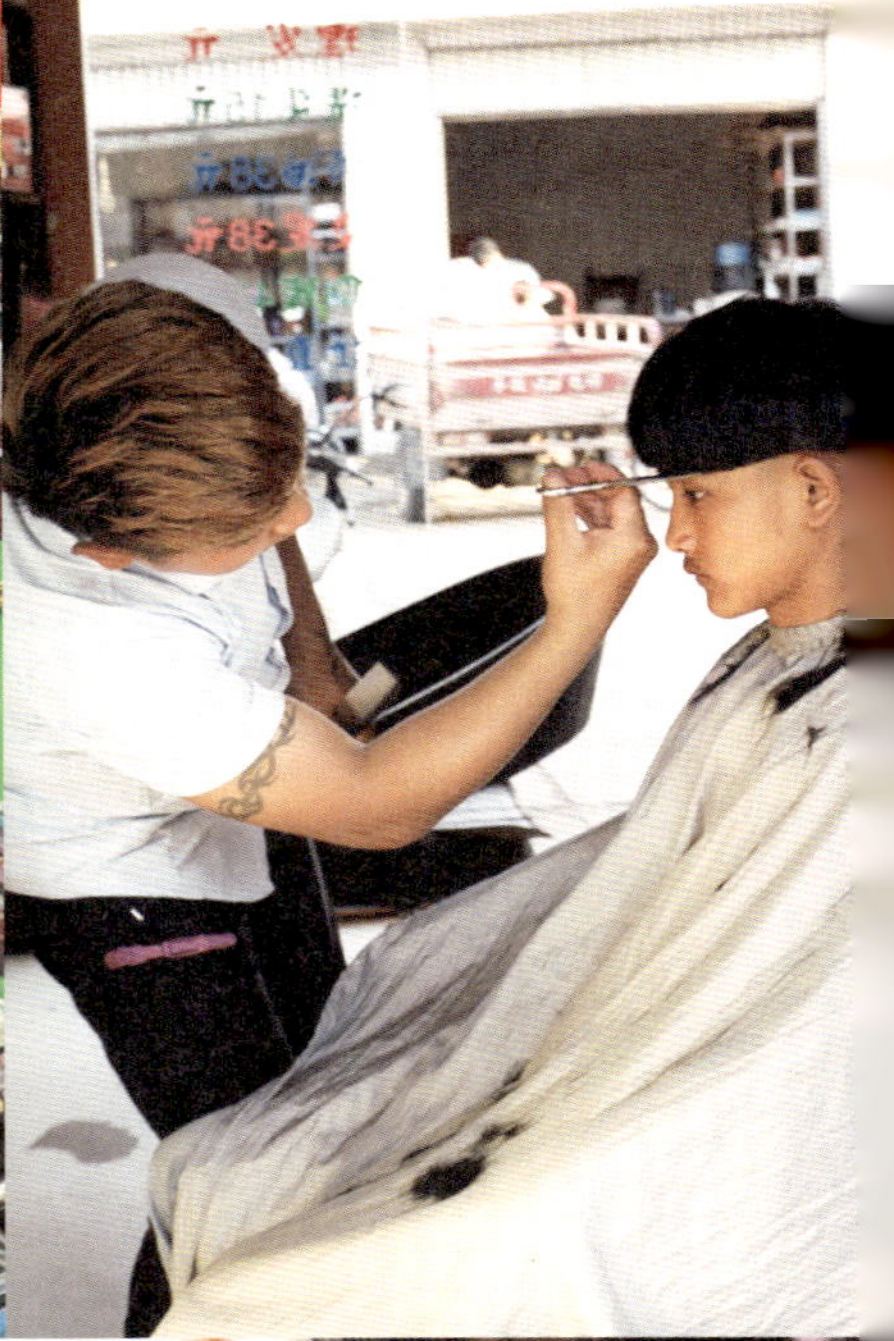

上允の水がめ

孟連で知った焼きものの町〝上允〟は、さほど遠くはなかった。ありがたいことに、もともと北上しようとしていたルート沿いにあったので、行かない理由がない。とはいえ、市場でちらっと町の名前を聞いただけなので、それがどんな規模の町なのか、本当にそこが焼きものの町なのか、何ひとつ確かなことがわからないままに向かった。

上允は本当に小さな町で、およそ窯元が見つかるような雰囲気ではなかった。まずは聞き込みをしようと、町の中心部の数軒しかない日用品店のひとつに入った。日用雑貨から服、靴までを扱う店で、なぜか焼きものが靴と一緒に売られていた。

この不思議な店の主人に聞くところによると、焼きものをしているのは少し先の小さな集落なのだそう。ワクワクする。

車を走らせてそちらに向かい、かろうじて舗装路か、というような道に入っていくと、その集落はあった。

暮らしているのは、タイ族の人たち。通りすがりの村人に聞くと、確かに焼きものをやっている家が何軒もあるそうで、その村人が案内役をかって出てくれた。

残念なことに、この日はタイ族歴のお正月と重なっていて、どの家ものんびりムードで焼きものの作業はしていなかった。それでも親切な村人たちが「(うちに)寄ってけ寄ってけ」「飯食ったか」「酒飲むか」と歓待してくれた。中国の田舎は、本当に旅人に温かい。

そういえば、前夜の孟連も正月のお祭りで大騒ぎだった。通りには「タイ族暦一三八〇年の水掛け祭」と横断幕が出ていて、舞台では歌に踊り、そして川沿いでは花火。賑やかなお祭りだった。四月も中旬にさしかかろうとしているのに、毎日のように行く先々で正月の祭りとなると、調子が狂う。

「正月だから作業はしていないけど」と、何軒かの焼きものの工房(というか家の軒先)を見せてもらった。ろくろはなく、土を手で成形し、羽子板みたいなもので叩いて、それで空気を抜き土を締める。その板に線模様が入っているので、叩いた外側に模様がつくという原始的な作り方。もともと水がめのように使われていたものなんだとか。

原料の粘土は、その辺の田んぼの土。草を敷いて、六時間ほど野焼きをしてできあがる。その家は、孟連で見たような釉薬を掛けたものは作っておらず、あるのは素焼きの水がめのようなものだけだった。

別のある家では、礼を言って去ろうとすると、おもむろに水がめを二つくれた。デカイ。そして、もろそうだ。とりあえず車に積んで、日本にどう持ち帰るか考えることにした。

ありがたいご縁なので、結局スーツケースに入れて大切に持ち帰ったが、片方はバキバキに割れてしまった。

焼きものも面白かったが、この集落は家々の雰囲気がよかった。軒先で料理をしている人たちが多く、どの家族も笑顔で暮らしぶりを見せてくれた。

もうひとつ、孟連で手に入れた謙六の焼きもののは、登り窯で焼かれたもののようで興味深かったが、この旅では訪れるチャンスに恵まれなかった。

どんな環境で焼かれているのか、しかもそこはイ族の人たちがやっているのだというから、暮らしや文化の違いにも触れてみたい。

上允をあとにして、また北上を始めた。この日はゴール地点を決めていなかったので、とにかく行けるところまで行き、夕方たどり着いた町に宿泊することにした。

途中、孟省《モンション》という町で、かなり遅いお昼ごはんを食べることにした。街道沿い、町の入り口あたりにある食堂で、先客はゼロだった。通りを挟んだ向かいにはスクラップ屋、そしてその奥のほうには巨大工場の煙突が見える。果たしてどんな工場なのだろうか。

中国の食堂らしく、メニューがないので食材を見せてもらうと、うれしいことに生の山胡椒があった。聞くと、地鶏と一緒に鍋にするといいそうだ。さっそくそれをお願いし、他に豚の脳みそと高菜の漬物のスープ、そしてタイ北部やベトナムでよく見られる、葉っぱに包まれた酸っぱいソーセージを頼んだ。

店主がおもむろに、店の裏手で地鶏を捌き始めた。ありがたい。時間はかかるが、最高の食事になりそうだ。酒を飲むつもりはなかったけれど、こりゃビールでも飲んで待つしかない。中国らし

い度数の低いビールを、ちびちびと舐めながら待つ。

しばらくして出てきた地鶏と山胡椒の鍋は、この旅で最も記憶に残る食事となった。地鶏の濃厚なスープに、爽やかな山胡椒の香り。噛めばわずかに舌が痺れるのもいい。

焼きものも食事もその土地から生まれたもので、そんな出合いが重なった一日は幸運でしかない。さらに驚いたことに、なかなか泊まれる場所が見つからず、夜になってやっとたどり着いた町は〝幸福《シンフウ》〟という名前の村だったのだ。旅の偶然は面白い。

巍山の飴釉の燭台

かつて南詔《なんしょう》王国の都だった、古城の残る町・巍山にたどり着くと、もう十五時を回っていた。日が傾き始めていたので、宿の部屋に荷物を放り出してすぐに町へと向かった。

ここから五十キロほどの距離にある大理の町がそうであるように、あと十年もすればこの町も観光客の波にさらわれて激変してしまうのだろう。そんな勝手な心配をしながら石畳を歩く。

通りには骨董屋がぽつぽつと点在し、それぞれなかなか個性的に面白い品を揃えている。

その中で、家の前にいらないものをちょこんと並べただけのような、しかしなんだか気になる店があった。見るからにクセモノらしき老店主は訛りが強くて、さっぱり言っていることがわからない。ボディとフタがまるで合っていない土鍋。フタのない酒瓶。まるでやる気が感じられない品揃えがかえって面白く、せっかくだから何か値段を聞いてみようと思った。

ブリキの箱に収まりよく飴釉の燭台らしきものが六つ並んでいる。それほど古いものには思えない。その上、台座が傾いていたり欠けがあったり、窯からできの悪かった値段のつかないものを拾ってきたんじゃないかと思うほどだった。ただ、手にとってみると愛嬌のある形だし、ほどよい重さもある。この近くの窯場のものだそうだ。

目の前の異国の旅行者にどんな値段を提示してくるかと思ったら、拍子抜けするほど正直な値段だった。いいかもしれない。その前に訪ねた並びの骨董屋がかなり強気だったから余計に、値段交渉をする気も起きなかった。

写真家と料理家がまだ数十メートル手前の店にいたので、いったん立ち去ろうとすると、なぜか隣の日用品店の女の子が僕に向かって何か言っている。ジャックを呼んで、彼女が何を言っているのか通訳してもらうと、どうやら「彼はこの二週間商売になっていないんだ」と言っているらしかった。

こりゃ参ったな。そんな話を聞かされては。

とはいえ、情で買ったというにはもったいないほど、この燭台は雰囲気があるのだ。かわいい豆台皿として気の利いた肴でも載せれば、ずいぶんと酒が進みそうだ。

金を渡すと、彼はうれしそうに家の中から包み紙を持ってきた。そんな様子を見て、隣近所の人たちが集まってきて何やら喋っている。本当に二週間ぶりの現金なのかもしれない。

回族の牛鍋屋

骨董屋が点在する巍山の旧市街では、いくつも買い付けができた。とっぷり日が暮れると、中国の飲食店の評価サイトでそこそこ評判のよかった鍋屋さんに向かった。

細い路地にあったその店のドアを開けると先客なし。店のオーナーの家族と思われる人たちが、食事をしているところだった。

そこは回族《ホイ》（中国語を話し、形質上も漢民族と同じだが、イスラム教を信仰する民族）の家族が経営する店で、牛肉鍋をメインにしていた。ちなみに巍山の旧市街では、さほどホイ族を見かけることはないのだが、このあたりは巍山彝族回族自治県と言うぐらいだから、周辺にはそれなりにホイ族が暮らしていると思われる。

さてと、何を食べようかとネタケースのような冷蔵庫に並ぶ肉や野菜を見にいったら、厨房の壁にズラリと銅鍋が見えた。僕らは狂喜乱舞。いわゆる中華鍋の両側に持ち手がついたような形、使い込まれた銅鍋のなんと美しいことよ。これを使って料理が提供されるのか、と思うだけで食事への期待が高まる。そして内心、この店がムスリムの店なのに酒が置いてあったので安堵した。

長かった一日、この日はホテルのチェックインで久々にトラブルがあった。中国の宿泊予約サイトを通して予約をしていたのに、なぜか予約がないと言われ、予約サイトのサポートに電話したりやなんやで無駄な時間を過ごしたのだ。日没までの買いものの時間が減ってしまう、とヤキモキした。そんな一日の終わりは、うまい酒で癒したい。

いくつかの白酒《バイジウ》（中国全土で愛飲される蒸留酒で、アルコール度数は五十度前後のものが多い）が並んでいる中で、店のオーナーが絶対にこれだと薦めるチベット自治区で作られた白酒をチョイスした。ハダカムギで作られているものだそう。

口開けには、いつも通りアルコール度数の低い中国ビールを。中国の人たちはあまり飲んでいる酒を途中で変えることはしないようだが、僕はまずビールで喉をしめらせたいので、ここばかりは日本式で。そして鍋が始まれば白酒。おすすめのそれは確かにクセも少なく、よい酒だった。

キッチンでぐつぐつと煮込まれた状態でやってきた鍋は、うまかったはずだが、実は味がまったく思い出せな

瓦屋根が見事な回族の集落

い。疲労困憊だったわけではなく、銅鍋自体に興奮しすぎてしまって、そのことばかりが思い出されるからだ。僕らがあんまりはしゃぐものだから、店の人たちもうれしくなったのか、炭火で焼いた牛の串焼きまでサービスしてくれたのはよく覚えている。

食べ終えたあと、この店の家族がとても温かい人たちだったので、調子に乗った僕らはこの使い込んだ銅鍋を売って欲しいと申し出た。お母さんは新しい鍋を買うならこのぐらいの値段だから、と正直な値段で僕らの申し出を受け止めてくれた。おまけに、油を塗り込む鍋の手入れ法までその場で披露してくれたのだった。

写真家も料理人もバイヤーも、全員が大きな鍋を片手にぶら下げて意気揚々とホテルへ歩いて帰っていった。今思い出しても心踊る夜だった。

この時に買った銅鍋は、日本で使ってみても使い勝手がよく、その後も同型のものを雲南省内の銅鍋の専門店から買い付けている。我が家でも卓上コンロで鍋料理を

店の入り口で、肉が捌かれる

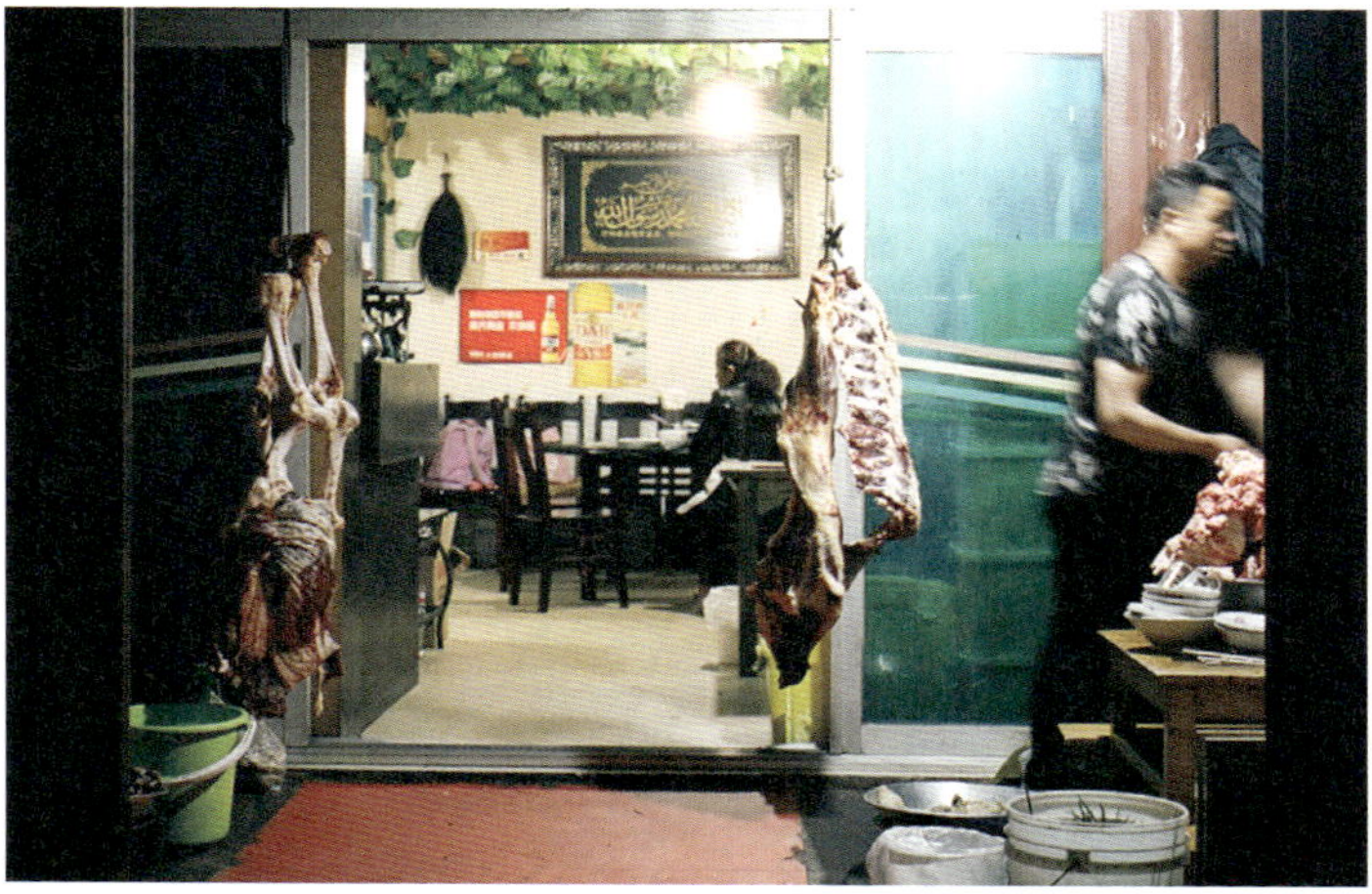

する時、この銅鍋で出すとテーブルが華やいでゲストからの歓声に包まれる。

実際には、雲南省でも、鍋料理の店で銅鍋を使っている店はほとんどない。大抵の場合、同じ形でステンレス製のものを使って料理をする。銅鍋のほうが出てきた時の見た目も圧倒的によいし、使い込まれた風合いもよいのだから、もっと多くの店で使ってもらいたいと思うのだが。

日本の土鍋も大好きなのだが、それほど煮込まず作る中国の鍋料理なら、この鍋を使うほうがいい。それから、スパイスをたくさん使う場合も、土鍋だと匂いが残ってしまう心配があるので、この銅鍋は重宝する。

もちろん中華鍋として使うにもいい。大きなものは鍋を振るのには不向きだが、日本のガスコンロにも座りがよいので日常でガンガン使える道具として広くお薦めできる。

そういえば、僕の中国旅には鍋料理が欠かせない。中国の長旅は、とにかく胃腸に気をつけている。炒めものや揚げものが続くと、どうしたって胃腸が疲れる。そうなると買い付けのテンションも落ちてしまうし、旅が楽しくなくなってしまう。僕の場合、それを避けるために鍋料理をよく食べるようにしているのだ。

大抵の場合、鍋なら油が少ないし野菜がたくさん取れる。辛さ控えめな鍋を選び、メインの具材は肉系を少々にして、野菜と豆腐をたっぷり。そうすると体が食べもので疲れない。調子よく旅を続けていくために大事にしていることのひとつだ。

鲁班先师
兵
司游
猎神

甲馬

僕は多くの日本人と同じように、特定の信仰を持っていない。ただ、世界各地を旅していると信仰っていいいな、と思える時がある。多くの場合、それは自然信仰や山岳信仰みたいなものだったり、土地土地のほんの小さな祈りだったりするのだけど。

中国には、地域を問わず、家族の小さな祈りの形として「神馬《シェンマー》」と呼ばれる民間信仰がある。これは、紙に神様や動物など信仰の対象が版画によって刷られたもので、火をつけて燃やしたり、あるいは建物に貼ったり。神々や死者と通じるために使われてきたものだが、現代ではあまり目にすることはない。

残念なことに、これらは文化大革命の折、破壊の対象になったそうで、中国全土、多くの地域で焼失してしまい残っていないのだという。

この神馬は、もともとは漢民族の伝統で、のちに少数民族にも伝わった。雲南省の大理やその周辺地域では、幸運にも破壊の時期をくぐり抜けたものたちが今も残っている。雲南省では、これらは「甲馬《ジャアマー》」あるいは「甲馬子《ジャアマーズー》」と、別の名で呼ばれていて、僕は仏具店や骨董屋を覗いては、それらを探している。

ある町でも、この甲馬を見つけようと仏具店を廻ってみた。簡単に見つかったのだが、まったくお目当てのものではない。今作られているのは、おそらくデータからプリントアウトされたもので、昔の版画のものに比べると紙も味気がなく面白みがない。出鼻をくじかれた。

諦めずに骨董屋を探してみる。うれしいことに、ここでは版画の版木自体が見つかったのだが、いかにももの好きしか買わないだろうと、隅っこに置いてあった。そして、手漉きの紙に印刷された、なんとも素朴な（しかし力強い）表情の甲馬ももちろんあった。

民藝の世界で民画といえば、朝鮮のものや、日本の江戸時代に現在の滋賀県大津市あたりで描かれた大津絵が知られているけれど、こちらも中国の民画として、庶民の暮らしの美しさや力強さが見てとれる。

僕が甲馬を面白いなと思うのは、そのモチーフの豊かさと版画らしい表情だ。そこには暮らしを取り巻くいろんな神様が描かれている。たとえば、水神、太陽、月亮（月のこと）、樹神、馬神。これらは描かれた絵から、何

厚みがあって、版木自体の雰囲気がいい

の神様かがすぐに想像がつく。中国の神話に登場する四神、方角を司る東の青龍・南の朱雀・西の白虎・北の玄武。これらはモチーフとしてかっこいい。

もちろん同じモチーフでもたくさんの作り手がいたわけで、絵の表情が作り手ごとに違っているのも、またいいのだ。

無病息災、五穀豊穣。日本に置き換えると、そういったことが描かれているのだろう。日常の暮らしのことなので、細かい意味がわからなくてもどんな願いが込められていたのか、絵からなんとなく伝わってくる。

しかし、中にはちょっとよくわからないな、というものがあって、店主に尋ねたら「道教のモチーフだ」という。そこは門外漢。なるほどわからないわけだ。

面白いことに、この文化は雲南省最北のチベット族のエリア、香格里拉《シャングリラ》県でも見られる。チベット文化圏には、もともと「ルンタ」と呼ばれる馬のモチーフを刷った旗や紙を奉納する風習があり、シャングリラでは「甲馬」と似たような（しかしチベット語で書かれた）ものとよく出合う。こちらもやはり古いものは印刷の雰囲気がよく、美しい。

土地の人が見たらなんでこんなものを、と思うかもしれないけれど、紙も印刷もよいものは額装すると立派な作品のようになる。どこかの土地の小さな祈りの形を、そんな風に勝手に受け継ぐのも、僕は素敵なことだと思う。

公郎

その前日に、臨滄《リンツァン》市の幸福村という小さな村に泊まっていた我々は、そこからまた北へと進み、午後に同じ市の鳳慶《フォンチン》県という茶産地を訪ねた。

そこの特産である紅茶の、それも野生のものを求めて物色したのだが、目ぼしいものには出合えなかった。熊本の茶友からいいものがあったらぜひ買ってきて、と言われていただけに残念だった。少し気落ちしながらも、町を出てさらに北上する。

瀾滄江《ランツァンジャン》（メコン川の上流）にかかる赤い橋に差し掛かった時、写真家と目が合い、その手前で車を止めてもらった。その風景が、あまりにもジャ・ジャンクー監督の映画の世界のようだったからだ。「ここで一本映画が撮れるね」なんて言いながら写真を撮り、再び車を走らせて少し経つと、どうも右側に気になる町が見える。通り過ぎようとした時、ドライバーのジャックが「あの町に行ってみるか？」と聞いてきた。

彼もどうやら我々と同じアンテナがしっかり備わっているらしい。頼もしい男だ。

町に入ってみると、南澗《ナンジエン》彝族自治県の公郎《ゴンラン》という名の町だとわかった。奥に町のメインらしき通りがありそうだったが、それよりも手前の小道の向こうに見える家並みが気になった。

隔絶されたような、不思議な雰囲気。その小道を入り、石の階段を上がる。急勾配に息が切れる。階段を登りきると、細い路地の両側に古い家が並ぶ。白い壁に瓦屋根。簡素ながらも統一感があって、全体的に清貧さを感じる家々。

ある家に書かれた文字ですぐにわかった。ここはホイ族。ムスリムの人たちの集落なのだ。常々、中国には持ち帰れない美しさがあると思っている。その代表が建築物。あるいは、その建築物の集合体。集落や村や町。そしてそれがまとう雰囲気そのもの。

ここまで雰囲気が整っていると、ある種観光地なのかと疑いたくもなるのだが、そうではないことは直感でわかった。この国にとってマイノリティであるホイ族の人たちが、穏やかに暮らしている匂いがするのだ（実際はヤギの糞の臭いだったりするのだが）。

さらに細い路地をくねくねと登っていった一番上には、もとは小学校だった古い建物があった。中を覗くと本当に小さな学校の造りで、今は雰囲気のいい老夫婦が住んでいるようだ。

お母さんが、校庭だった中庭でジャスミンの花を干している。聞けば、旦那さんが畑から持ち帰ってきたのだという。二つだけの小さな教室。そして元教員室に二人は暮らしている。ここで簡素な暮らしを営む二人は、メッカへ巡礼に行った時の写真を見せてくれた。果たして、この集落からどうやってメッカに行くのだろうか。おそらく気が遠くなるような道のりだろう。信仰の力は強い。

そのあと数軒の家を訪ね、再び路地に戻ったところで中国的建築様式の大きなモスクが目に飛び込んできた。しかも夕方の礼拝のタイミングだったようで、ムスリムらしい帽子をかぶった村中の男性たちがどんどんモスクに入っていく。どうやら僕らが登ってきた石の階段は集落の裏側で、こ

のモスク側が集落の表側らしい。この町の顔なんだろう。

　モスクからさらに坂道を登る。そこから集落を見下ろす景色には言葉が出なかった。モスクを中心に、それを取り囲むように家々がある。外部から遮断されたような、そこだけの完全な調和。人の力を超えた〝何か〟がそこにあるかのようだ。

　タイムスリップ？　ワープ？

　いつの時代のどこにいるのか、まったくわからなくなるような感覚。モスクに戻りほどなくすると、祈りの時間は終わり、言葉も出ずボーッと立ち尽くす僕らを横目に、男たちは家へと戻っていった。

　僕らも我に返って、そのあとを追うように集落の散策を続けていると、通りがかった家の扉の隙間から、何かの作業をする人の姿が見えた。気になって覗き込むと、どうやら看板のない豆腐屋のようだ。聞けば、このあたりの人はここまで買いにくるし、あとは町に売りに出すのだという。看板などいらないわけだ。

　おだやかな老夫婦が、薪釜に火をくべて丁寧に豆腐を作っている。

　できたてのおぼろ豆腐を「食べてごらん」と手渡された。まだ温かいうちに、まずはそのままで。口に含んだ瞬間から鼻に抜ける大豆の香りがたまらない。

　どこで食べたってできたての豆腐はうまいのだろうが、この中国の辺境、不思議なムスリムの集落の豆腐屋で、目の前で作られた豆腐を、日が暮れようという時間に食べているのだ。感動しかない。

　二杯目は、お薦めだという砂糖を入れる食べ方で。これもまた、おいしい。ちなみに、日本なら豆腐は朝一番に作るイメージだけど、こちらは夕方なんだそうだ。

そんなことをしているうちにも、次々と村人が豆腐を買いにやってくる。みんな、本当にここで買うんだな。どの人もよい顔をしている。この時代にどうしたらこんな穏やかな暮らしの姿が保っていられるのだろうか。

あまりにも美しい思い出に、その日はそのあとのことをあまり覚えていない。南澗の町まで行って、そこで何をしただろうか。夕飯はなんだったのだろう。

薔薇と茴香の香り

二〇〇三年に訪れた大理と麗江。その時は、どちらもまだ観光地として爆発する前。穏やかな少数民族の暮らしを感じることができた。

そして、時は二〇一八年、どちらの町にもその頃の面影はすっかりなくなっていた。こと大理においては、前に訪れたのはどこだったのか、と思うほど町が様変わりしていた。

どこかそんな予感はしていたので、旅の計画段階でジャックが「大理に泊まるか?」と聞いてきた時に、僕は「絶対に嫌だ」と答えた。ド派手な観光地になってしまった町には泊まりたくない。気持ちが休まらないからだ。

ならどこにしようか、と話していた時にピンときて沙渓《シャアシー》という町を選んだのは、今思えば我ながらよい判断だった。茶馬古道の雰囲気を保った町並みを留めるこの町で、ANAの機内誌『翼の王国』にも取材された料理自慢の宿に泊まってみたかったのだ。

行程上、わざわざ行くような寄り道にはなってしまったが、結果的には宿も町もよかった。石畳が敷き詰められた町の雰囲気は古鎮《グウジェン》(古い街並みが残る町)と呼ばれるにふさわしい雰囲気があったし、古い木造建築を生かした旅行者向けの宿やカフェや土産物屋もどんどん増えてはいるようだが、夜は静かでまだ観光ズレしていなかった。

しかし、あと数年もすればポスト大理、ポスト麗江、といった感じでどんどん観光地化が進んでいくであろう町だ。沙渓は町のサイズ感が大理や麗江よりもずいぶん小さいから、まだいくらかはマシかもしれないが。

散歩しながらそんなことを勝手に心配しつつも、今はただ、茶馬古道全盛の時代にたくさんの行商人たちが往来し、馬宿に投宿したその姿に思いを馳せていたい。


石畳の道を歩いていたら、道端に座り込んで何かをしている女性たちを見つけた。覗き込むと薔薇の花びらを一枚ずつ摘み取っているようだ。三人のおばあちゃんが、お喋りをしながらひたすらに作業している。なるほど、すぐ横手に薔薇のお菓子・玫瑰餅《メイグイビン》を売るお店があった。

おそらくこれは、今の雲南省の土産物の中でナンバーワンの人気なのではないだろうか。昆明にもいくつも専門店があるし、空港でもたくさん売っている。中に薔薇の花びらの餡が詰まったパイ、と言えばイメージしやすいかもしれない。

雲南は世界屈指の薔薇の産地だそうで、それを生かしたものなんだろうが、多くのものは香料が強くてとても好きになれない。しかし、こうして目の前でおばあちゃんたちが花びらを摘んでいるものだから、思わず買ってしまった。

ここのものは香料などの添加物は入っていない。自然なバラの香りがして、僕のような中年男子でも心ときめくお菓子だった。おいしい中国茶に合わせたい。それこそ雲南の紅茶などよいだろう。

ところで沙渓は、古い街並みが残されているだけに、思ったよりも見所が多かった。古鎮を出て、周りの集落も歩いてみた。

やはり古い建物が多く、昔ながらの暮らしぶりがしっかりと残っている。集落の外には、ところどころに道祖神のような民間信仰の神様が祀られている。それも鹿児島の田の神のように、素朴で愛嬌があってよい。民家の扉には甲馬や手書きの札で美しい文字が書かれていて、これまたつい一軒一軒見入ってしまう。

神様の類は、この国の骨董屋ではよく見かける。石だったり、木だったり、紙だったり、素材はさまざまだが。ここで見かけたような、ちょっとゆるくて愛嬌のある神様なら手に入れたいな、などと神様の目の前で思ってしまうのは罰当たりか。

道端で出会うおばあちゃんたちは誰もが絵になる。沙渓には白族が多いというが、他の少数民族もいる。納西《ナシ》族や傈僳《リス》族、イ族が暮らしているのだそう。

通りすがりに写真を撮らせてもらった二人のおばあちゃんは、青っぽい衣装や腰の布の特徴からナシ族ではないかと思った。完全な民族衣装ではなく、部分的なものなので断定はできないのだけれど。つたない中国語で話しかけたが、会話が成り立たなかった。

ナシ族は、古くから漢民族との交流があったため、ナシ語と漢語（漢民族の言語。いわゆる中国語）両方を話す人が多いと聞くが、おそらく彼女たちは中国語を話さないのだろう。

そうそう、この町に泊まった一番の目的だった宿の料理はと言えば、もう最高だった。

事前に聞いていた料理上手なおばちゃんは、もうおばあちゃんになっていて（家族経営なのでそこに住んではいるけれど）、もう毎日のようには鍋を振っていない。そのことを予約の段階で知ることができたので、事前に彼女の料理を食べたいとリクエストしていた。だから思う存分、彼女の料理が味わえたのだ。

　料理はいかにもおばあちゃんの味、というやさしい味だった。青菜の炒め、山菜ときのこの炒め、地鶏ときのこのスープ、豚スペアリブの包み揚げ、地元ではよく食べるというなんのものかはわからない樹皮（！）を卵と炒めたものなど……。地元の野菜、旬のきのこをたっぷり使ってくれた。

　キッチンで料理を作るところを終始見せてもらいながらだったので、体に染み付いた所作や味付けの感覚、おばあちゃんの一挙手一投足に同行の料理家が歓喜の声を上げていた。

　中でも一番心に残ったのは、料理をお願いしていなかった日の昼間に「これ作ったから、ちょっと食べてごらん」と差し出されたおからの料理だった。

　ホカホカの蒸篭《せいろ》から茴香《ういきょう》の香りが立ちのぼってくる。ほどよく食感を残した空豆と、それを包み込むおからは、豚のひき肉の脂の旨味をたっぷり吸っていた。

　彼女のやさしさやこの土地のすべてが、ぎゅっと詰まった料理だった。

群
力

茶葉かご

今、僕が日々使い、旅先にも持って出かける道具のひとつに、雲南省から買い付けている竹かごがある。

これはよその土地では見かけることのない、編みが美しく実用的でもあるかごだ。その出合いは、雲南省の北西端、維西《ウェイシー》傈僳族自治県の塔城《ターチョン》という村を訪れた二〇一五年のこと。

この前日、シャングリラからそう遠くない奔子欄《ベンズーラン》という町に泊まっていた僕は、その周辺にある木工職人の工房を訪ねた。ここは雲南省のみならず、チベット文化圏全体に知れ渡る、チベット族伝統の木椀の産地だ。

仕上げは拭き漆で、木目を生かした作り。原料は地元の材木を使っているという。チベット族のバター茶用や、ツァンパ（チベット族の主食であるハダカムギの粉を炒ったもの）を入れたり、というのが代表的な使い方。

残念なことに、その日は木を荒削りする工程しか見ることができなかったのだが、いつか最初から最後までその工程を見てみたいと思った。

その後、塔城に向かって車を走らせたら、途中のロードサイドの集落で、やたら目立つ衣装を着たチベット族の若者たちの一群に遭遇した。

どうやら結婚式らしい。新郎はコック帽ぐらい高さのある毛皮の帽子をかぶって、大ぶりのティアドロップのサングラスをかけ、サテン地に総刺繍のビッカビカの衣装を着ているもんだから、はじめは旅芸人か何かかと思ってしまった。新婦も同様に総刺繍のドレスのような衣装を纏い、取り囲む友人たちも皆似たような格好をしている。思いがけず現代チベット族のおめでたい一幕が見られた。


昼には塔城に到着した。この日は塔城の町に宿泊するのではなく、そこからちょっと里山に入った集落にあるロッジに泊まることにしていた。リス族の農村の暮らしを見ることができると聞いていたからだ。

宿の食堂で、地元の野菜たっぷりの食事をとったあと、周辺の散策に出かけた。十月だったので、ちょうど山の斜面に作られた棚田は黄金色に光っていたし、広大なぶどう畑（ワイン作り用）も実りの時期だった。これだけでも十分、いかにここが肥沃な場所なのかが想像できたが、近所では清流の水を使って鱒の養殖が盛んだとも聞いた。

田畑をひと回りしたあとは、住宅地を散策した。どの家も農家の家らしく、大きい。中庭があり、母屋は二階建て。季節柄なのか、軒先に大量のとうもろこしと唐辛子を干している。

ある一軒のお宅でお茶に誘われた。伝統的な家屋ながら、家の中は現代的で家電も一通りあるし、暮らし向きがいいように思える。聞けば、娘さんが僕の泊まるロッジで働いているのだそうだ。

麻辣鱼
水煮肉片
油条、豆浆
酥油茶

お母さんが取り出したプーアル茶は、見たことのない変わった竹かごに入っていた。それがどうにも美しくてびっくりしてしまった。円盤型の蓋付きかご。上下のどちらも真ん中が指を引っ掛けられるように穴が空いていて、そこを指で引っ掛けてぱかっと開ける。

竹のしなやかさを生かした作りになっていて、蓋がギュッとしっかりと閉まる。使われている竹は、ひごの太さも竹の部位（皮寄りだったり身の部分だったり）も、使用する場所によって工夫して選ばれていて、その組み合わせ方がもうお見事。さらに、使い込まれてすっかり飴色になっているもんだから、言うことがない。

このかごは、もともと熟茶にしたプーアルの餅型（茶葉を円盤型に緊圧形成したもの）がぴったり収まるようなサイズにできていて、さすが雲南省、さすが茶馬古道、と思わず唸ってしまう。餅型のプーアル茶自体は、作られ始めたのが一九六〇年代と言われているから、この竹かごもそう古い歴史があるわけではなさそうだ。しかし、いったいどこの誰がこのかごを作り始めたのだろうか。

荒物屋に興奮

ここでは結局、お茶をご馳走になった上に、軒先に干していた唐辛子まで枝ごとひと束いただいてしまった。

その後、雲南省の旅を重ねるうちに、このかごを市場の荒物屋でもしばしば見かけるようになった。主に麗江以北でたくさん作られ、使われているようだ。

シャングリラのとあるチベット族のお宅では、茶葉ではなく、ヤクの乳から作られるバターを入れて使っていた。そのかごもバターの油分がついて、見事な色に育っていた。そのバターはバター茶用なので、当然その家にはお茶もあるのだけれど、お茶は違う容器に入れられていた。なるほどそんな使い方もあるのか。

僕はその旅で、このかごを手に入れて持ち帰ったので、自分なりに使い方を考えた。家でいろんなものを入れてみたりしたのだが、しっくりこなかった。

結果、旅先へ持って行く茶器セットと茶葉を入れている。

熊本のまゆみ窯にお願いして作ってもらっている中国

田舎はオート三輪がよく似合う

茶用の小さめの急須（あるいは中国の景徳鎮の古い蓋碗）、朝鮮の李朝の白磁の杯を二つ、茶葉各種と布類。かごの中にみっちりこれらを詰めれば、まず移動中に割れることはない。旅先のふとした時に、自分の好きなお茶が飲めるとリラックスできるのだが、それまでは茶器を持ち運ぶのも面倒だし、割れてしまいそうで怖かった。

これだとその点、安心感がある。かごの中をみっちりさせてさえいれば大丈夫だ。竹のしなやかさにはまったく恐れ入る。

塔城の集落では、この竹かごとの出合いも大きかったけれど、農家で食べさせてもらったザクロや、軒先で摘ませてもらった花椒。朝起きて、部屋の窓から眺めた朝もやのかかった棚田の姿の雄大さ。村のシンボルツリーになっているという樹齢千年を超えるイチョウの木。すべてが里山の魅力を詰め込んだような体験だった。

もし中国の田舎でのんびりするならどこへ？　と聞かれたら、僕なら迷わず塔城だと答えるだろう。

ソンツァムホテル

一般的に中国で〝チベット〟といえば、ラサ市が主府のチベット自治区のことをイメージするだろう。

ところが、実際にはチベット族の人たちが暮らすのは、チベット自治区だけではなく隣接する雲南省、四川省、青海省と、かなり広い範囲に及んでいる。僕らが雲南省の南部から、なぞるように旅してきた茶馬古道は、雲南の最北に位置する迪慶蔵族《デチェンツァン》（チベット族）自治州を通り、チベット自治区へと抜けていく（日本では「蔵族」よりも「チベット族」のほうが一般的なので、ここでは「チベット族」とする）。

デチェン・チベット族自治州の中心となる都市は、シャングリラ。標高は三二〇〇メートルを超え、空はどこまでも濃く青く、空気がキリッと澄み渡る。空気が悪い中国の都市部とは対極のような場所である。

二〇一五年にここを訪れた時には、ゆっくりと二週間近くかけて、この雲南省の中のチベットを旅した。その時に出合ったのが、songtsam《ソンツァム》というホテルだった。

極論、雲南省のチベット族の文化が知りたいなら、ここに泊まればそれで十分と言っていい。デチェン・チベット族自治州内に六つのロッジを持つこのホテルは（雲南省内には、麗江にもうひとつある）、自身もチベット族である創始者が手掛けたもので、徹底して土地の文化をロッジに落とし込んでいる。

建築はこの土地の伝統的な建築様式を尊重した作りになっているし、内装はこの土地から生まれた新旧の手工芸品ばかりだ。黒陶の土鍋やシャングリラ周辺で作られた雑器、銅や真鍮細工、家具などの木工・漆工、竹かご、ヤクの毛の絨毯……。シャングリラ中、どこを訪ねてもこれらが一度に見られる、触れられるような場所はない。まるでプライベートミュージアム。

この時は、事前に標高二千メートルの昆明に宿泊したので、少しは高地に順応したかと思っていたけれど、昆明から一気にシャングリラへやってくると、二日ほどまるで体が言うことを効かなかった。

シャングリラ内に、ソンツァムのロッジは二つある。僕が好きなのは、ソンツァム・グループの中でも最初にできた、創始者の生家を使ったロッジだ。ここは世界遺産で雲南省最大のチベット仏教寺院、松賛林寺《ソンザンリンスー》に隣接している。

木造で、築年数は経っているけれど高級感がある。僕が滞在した三階の部屋へは急な階段を上っていくのだが、高山病のせいで足がなかなか上がらないし息が続かない。二階までやっとのことで上って息を整えた。

予約の際にやりとりをしていたスタッフのフェリシアから、「高地順応には個人差があるから、まずはシャングリラに二泊はしておいたほうがよい」と言わていたのだが、その通りにしておいてよかった。おかげで体調を整えることもできたし、館内をゆっくりとくまなく散歩し、壁に飾られた古い絨毯などをじっくりと見ることができた。

ソンツァムのロッジはどれも景観を大事にして建てられているので、町から離れた場所にある。そのため宿泊者は、滞在中のほとんどの食事をロッジ内のレストランでとることになる。僕がこの時泊まったロッジのダイニングは、部屋の中心に暖炉のある居心地のよい空間だった。

二日目になると体が順応してきて、シャングリラの地ビールも、ソンツァムオリジナルの雲南ワインも（あまり知られていないが雲南はワインの一大産地だ）しっかり堪能できた。

ここから比較的近い尼西《ニーシー》という村で作られている黒陶の土鍋で煮込まれた、地鶏と松茸（シャングリラは松茸の名産地でもある）の滋味深いスープや、伝統の銅鍋で炭火を使って温める、その見た目だけで体も心も温まるようなヤク肉の鍋。

アフタヌーンティーには、煖炉の火を眺めながらチベット族の主食であるツァンパを使ったパンケーキやクッキーも楽しめる。煖炉の薪のくべ方や火の起こし方もここで教わった。

どのロッジのダイニングでも、こうした伝統の郷土料理をメインに、自家菜園か地元の安心な素材が使われているのだという。初めて訪れて以来、何度となくソンツァムのレストランで食事をしてきたけれど、その味わいは町の食堂よりもはるかに洗練されていて、外に食べに行きたかったと思ったことは一度もなかった。

三日目には高地順応できたので、早朝に松賛林寺へ出掛けてみた。ロッジのチベット族のスタッフから、「松賛林寺は、他の観光客がまだ敷地に入ってこられない朝の姿がいいですよ」と言われていたのだ。松賛林寺には、専用のバスで数キロ離れたツーリスト用の入り口からしか入ることができず、そのバスはどれも午後着なのだが、ソンツァムのゲストは二十四時間自由に歩き回ることができるようになっている。そんな朝の時間だから余計に、自分だけが僧侶たちの暮らしに迷い込んだような錯覚に陥った。

この時は、すべてのロッジを回りながら、この土地の自然や文化が体感できるプライベートツアー〝ソンツァムサーキット〟にも参加した。その中で特に忘れ難い体験となったのが、雲南省最北のロッジ、ソンツァム梅里《メイリー》での滞在だった。

ここは、雲南省最北の町・徳欽《ダチン》からさらに十キロほど離れた、かなり辺鄙な場所にあるのだが、その分絶景が

ソンツァムホテルから見える、巨大な松賛林寺

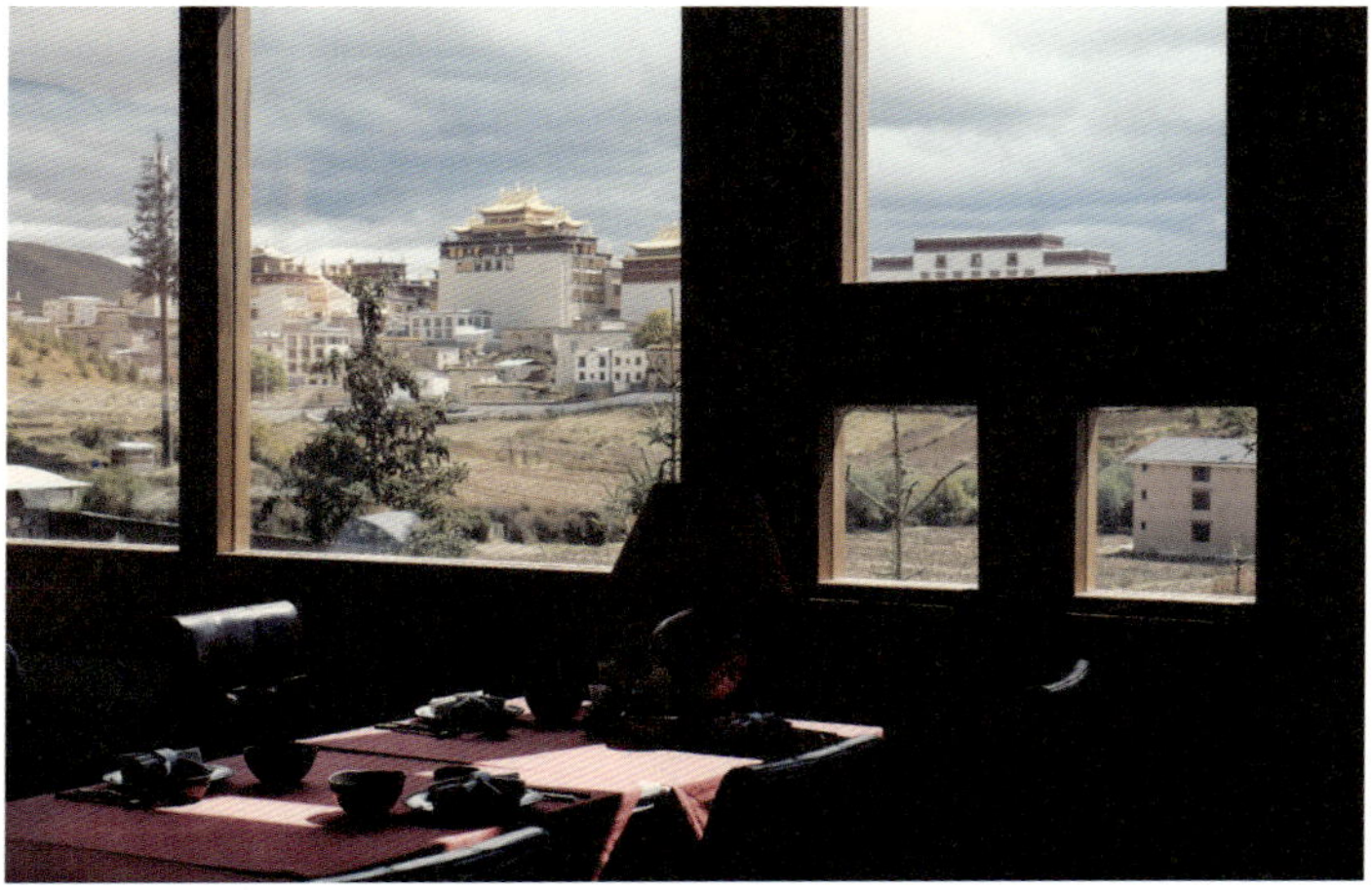

待っていた。

チベット族が聖山と崇める標高六七四〇メートルの梅里雪山《メイリーシュエシャン》を、どの部屋からも臨むことができるのだが、この山の背後から昇る日の出の神々しさはまさに聖山。この山の周りを敬虔なチベット仏教の信者が巡礼するというのも、なんだかわかる気がする。

そして、僕がさらに感動した体験は、ソンツァムのゲストだけが立ち入ることを許されている白馬雪山《バイマーシュエシャン》（標高五四二九メートル）でのトレッキングだ。チベット族のガイドと、この周辺を六時間ほどかけてゆっくりと歩く。

手付かずの自然、いや生命の源のような大地の姿を全身で感じる、スケールの大きなトレッキング。そんな経験は、まず簡単にはできない。そこで見た景色のすべてが、今もまぶたの裏に焼き付いている。

ガイドの青梅《チンメイ》とは、トレッキングの間ずっと一緒だから、いろんなお喋りをした。彼女は青海《チンハイ》省の生まれだが、中学生になる時にインドへ留学したのだという。その後、大学院を出て中国に戻り、ソンツァムで働く機会を得た。

調度品のセンスが見事

英語も達者で、広くものごとを見ている才女。チベット文化、チベット族の暮らし、ソンツァムのこと、個人的なこと、などなど話は尽きなかった。それもまたチベットへの理解を深めるのによい時間だった。

チベット族の人たちはよく、日本人には親近感が湧くと口にするが、僕もそう思うことが多々ある。たとえば青梅も、穏やかな口調で、常に相手を尊重するように振る舞う。それは僕にとってとても心地がよいもので、ずっと前から彼女のことを知っているようにさえ思えるぐらいだった。

ソンツァムには、目指している大きなゴールがある。雲南省の麗江のロッジを起点に、チベット自治区のラサまでをつなぐロッジの建設だ。雲南側はすべて完成しており、すでにラサのロッジもオープンしているので、残りのロッジの建設が急ピッチで進んでいる。

すべてが完成する二〇二一年には、ロッジ数は全部で十五前後となり、チベット文化圏の東端から真ん中までの壮大な旅ができるようになるのだ。すばらしいものになるのは間違いない。

だが、残念なことに今の時点では、その中の一部のエリアは外国人に対する旅行の許可が下りない。ソンツァムのロッジができあがる頃には、旅ができるようになっていてもらいたいと切に願っている。

チベット族の調理道具

チベット族が暮らすシャングリラは、標高三〇〇〇メートルを超える高地で、日差しがかなり強い。強烈に明るい屋外から屋内の市場に入ると、一瞬目がおかしくなってしまう。

チベット族というと、その手の工芸が好きな人は、サンゴやターコイズ、あるいはシルバーなどの装飾品や民族衣装が浮かぶかもしれない。しかし、見過ごされてしまいがちだが、もっと素朴で今もしっかりと現役の手仕事がある。

たとえば、チベット族の生活必需品であるヤクのチーズを作るための竹ざるだ。ヤクは高地に生息する牛の仲間で、チベット族は、その乳をチーズにしたりバターにしたり、肉も食べるし、毛も衣類や絨毯などに使う。

市場では、円錐型の大きさ違いの、あまり手がよいとは言えない感じに編まれたこの竹のざるをよく見かける。これで不要な水分を切って、ヤクのチーズを作るのだ。あくまでもその用途を満たせばいいということなのか、ともかく素朴な作り。もう少し精巧に作ろうなどという感覚はまったくなさそうだ。

できあがったチーズも、ざるの跡が付いて表面が凸凹している。作り方も原始的で、チーズの原

依香源

種とも言えるようなごくごく簡単なものだ。

　シャングリラあたりで外国人を相手にしているお店では、これを使ったチーズケーキなんかも作っていて、それが結構おいしかったりする。食材としては案外広がりがあるのかもしれないが、地元っ子にはそんなのどこ吹く風。ただ昔ながらのタンパク源なのだろう。


　チベット族の食の道具の話を続けると、また銅鍋に当たる。雲南省のチベット族は、ヤク肉をよく食べるのだが、鍋料理の具として食べる場合、独特な形をした銅鍋を使う。これは日本で言うしゃぶしゃぶ鍋のような形で、真ん中に煙突のようなものがあり、そこに炭を入れて、その熱で鍋を温める。シャングリラは高地だけに、たいてい夜が寒いので、夕食にこの鍋を食べるとホッとする。

　このスタイルの鍋の発祥がどこなのかは知らないが、中国の北方ではスタンダードなもののようで、新疆《シンジャン》ウイグル自治区や内モンゴルなどでも同じような形の鍋で食べた記憶がある。

　しかし、残念なことに、この伝統的な銅鍋と炭で鍋料理を提供するスタイルのお店は減ってきている。シャングリラの食堂でヤク鍋を頼むと、銅鍋だがガス火だったということもあった。

　個人的には、できれば炭火で食べたい。そのほうがおいしい気がするし、何より炭火と銅鍋というテーブルの雰囲気が大好きだ。

　余談になるが、シャングリラほどの高地となると、沸点がかなり低い。そんな中で当たり前のようにヤク肉を食べているのだが、実はこれ、普通に煮ると硬くて食べられたもんじゃない。今のやり方としては、一度冷凍して細胞を壊して柔らかくするのがポイントなのだと、ある料理人が教えてくれた。冷蔵庫のない時代は果たしてどうしていたのだろうか。そのことを聞くのを忘れて、今も時々思い出してはモヤモヤする。いつか聞きにいかねば……。

話を戻すと、シャングリラの市場で、この煙突型の鍋を探そうと思えば、意外とすぐに見つかる。遠くからでもわかるような、ピカピカした銅と真鍮製品の専門店が必ずあるからだ。調理器具と仏具屋を兼ねたようなスタイルで、野菜や肉を売る店などが並ぶ中、とにかくよく目立つ。チベット族が使う大きなやかん（びっくりするぐらい大きい）も、何に使うのかというぐらい大きなおたまもずらりと並び、どれも銅や真鍮でできている。

この鍋は正直デカい。使う頻度もそんなにはないし、買い付けには適していない。そんな中で、日本の生活でも使えて気に入っているものが、いわゆる雪平鍋の形をした銅の小鍋だ。日本のものよりも口が尖っていて、液体を注ぎやすい。注ぎ口はとてもシャープな形をしているのに、持ち手の部分は手仕上げのとってもゆるい感じがあって、そのアンバランスさも好きなポイントだ。

我が家では、チャイを作ったり、ほんのちょっと野菜を茹でたりするのに重宝している。大は小を兼ねる、とばかりに大ぶりな道具が目立つ中で、これはひとり暮らしの人や小さなキッチンでも断然オススメできる道具で、実際うちのお店でもお客様の反応がいい。

最北の赤い塩

二〇一八年の雲南省北部の旅で、個人的に必ずや出合いたいと思っていたものがあった。それは塩。ずっと憧れていた塩があった。

正確に言うと、雲南省のものではなく、雲南最北部を越えてチベット自治区に入り、ちょっと北へ行った場所のものなのだが、省の境からわずか数十キロの距離でも、我々は行くことができない。チベット自治区からすると、南東の端っこに位置するこの場所の名は、芒康県《マンカン》。今はチベット自治区に入るには誰しもパーミッションが必要な上、外国人へのパーミッションは下りない状況が続いている。

この芒康で、唐の時代から塩作りがされていると聞いたのだ。なぜここの塩のことを知ったかというと、この省境のエリアのことを調べていた時に見つけた一枚の写真からだった。赤茶色の水が流れる川の両岸に塩田がびっちりと並んでいるその写真のインパクトは、あまりにも大きかった。

その川はメコン川の源流で、青海省を水源とし、チベット自治区を経て雲南省に流れ込む。当地では瀾滄江《ランツァンジャン》と呼ばれており、雲南省を北から南に流れていったのち、ラオスやミャンマーへとつながっていく。

調べを進めたら、ここでは白い塩と赤い塩が取れるようだった。川を挟んで一方が赤で、もう一方が白だと耳にしたことがあったが、それが正しいかどうかもわからない。

その製法は、塩が湧くという塩井戸から水を汲み、それを塩田へ流し乾燥させていくそうだ。川も赤いし、土地も赤い。きっとこの土地と、この原始的な作り方で赤い塩になるんだろう、なんて思ったら、もうその塩をどうにか手に入れたくて仕方がなくなった。

芒康は、チベット自治区の南東端なので、作った塩をチベット自治区内の他のエリアに運ぶよりも、雲南省の最北の町・徳欽のほうがはるかに近い。だから、古くから徳欽の市場で芒康の塩が扱われていたことには、想像がついた。

僕は二〇一五年の旅で徳欽を訪れてはいたのだが、その時は市場をゆっくりと訪れることができなかったので、再訪してこの塩を探したいと思っていた。

塩は、たいてい乾物屋か調味料屋で売られているので、

徳欽で見かけた急坂の露天商

そんなお店をいくつか覗いてみる。パッケージされた全国流通の塩はあるのだけれど、それらしき塩がなかなか見つからない。

ジャックに聞いてもらうと、店のおばちゃんは座っているすぐ横の大きな袋を開けておもむろに塩を取り出した。

赤い！

早くこっちによこして、とおばちゃんに催促すると、おばちゃんはおたまで塩をすくって渡してくれた。

舐めてみると確かに塩分がある。しかし、塩なんだけど、それよりも複雑なスパイスのような風味がある。土地の、大地の味なのだろうなと想像する。

ヒマラヤ塩と呼ばれる赤い塩が、一時期日本でも流行っていたが、この塩はそれとも違う。塩として研ぎ澄まされてはいない。もっといろんな味がする。お湯に溶いただけで、スープになってしまいそうな、なんともミステリアスな塩だ。それにしても、おばちゃんはなぜこれを表に陳列していないのか、よくわからなかった。

現地では〝塩井塩《イエンジンイエン》〟と呼ばれているこれは、一斤（五〇〇グラム）たったの五元（二〇一九年現在・日本円で八十円）。

念願の塩と対面し、大満足で市場をあとにしようとしたら、足元に気になるものがあった。黒くて小さな粒。表面がやや乾いており、セミドライになっている。クロスグリみたいだな、と思ったけど、そんなにジューシーな感じでもない。

気になって一粒食べてみた。

なんだこれは。知ってる味のようだけれど何か思い出せない。

食いしん坊ドライバーのジャックが、「オリーブだよ」と言った。なんとなんと。かなり小粒だが、味わいが深い。原種に近いものなのだろうか。

これは同行の料理人は気になるだろうな、と思ったらすかさず買っていて、そのあと車のフロントで干していた。まったく抜け目がない。

塩なんて、今更考えることもないような気がするが、テーマとしては深い。たとえば、貴州省は塩の産地ではない。四川省から塩が運ばれてきたのだが、省全体を満たすほどの量ではなかった。だから発酵調味料で塩味を補ったという歴史がある。

雲南省北部でも、古くからきっとここの塩を使ってきたのだろう。茶馬古道を通って、もっと南部にも運ばれていたかもしれない。

ちなみに日本でも、会津に山塩という塩があって、これも太古には海水だったものらしいが、一般的な海の塩とは風味が違う。塩を巡る旅、なんてのも面白いかもしれない。

やっと出合った塩井塩。それが作られる様子を想像してみた。果たしてどんな道具を使っているのだろうか。それを作る人たちの暮らしや、その暮らしの道具も気になる。そこには何かしら、昔から伝わっている美しい道具があるのではないだろうか。

料金受取人払郵便

中京局
承認
6239

（切手不要）

差出有効期間
2025年6月15日まで

〒604−8790

025

〈受取人〉
京都市中京区梅忠町9-1

株式会社
青幻舎
行

お名前（フリガナ）

性別
男・女・回答しない

年齢
歳

ご住所　〒

E-mail

ご職業

青幻舎からの
新刊・イベント情報を
希望しますか？

□する　□しない

読者アンケートは、弊社HPでも
承っております。

最新情報・すべての刊行書籍は、
弊社HPでご覧いただけます。

青幻舎　検索

https://www.seigensha.com

読者アンケート

ご記入いただいた個人情報は、所定の目的以外には使用いたしません。
〈プライバシーポリシー〉https://www.seigensha.com/privacy

お買い上げの書名	ご購入書店

本書をご購入いただいたきっかけをお聞かせください。

□ 著者のファン　□ 店頭で見て
□ 書評や紹介記事を見て（媒体名　　　　　　　　　　　　　　　　）
□ 広告を見て（媒体名　　　　　　　　　　　　　　　　）
□ 弊社からの案内を見て（HP・メルマガ・Twitter・Instagram・Facebook）
□ その他（　　　　　　　　　　　　　　　　）

本書についてのご感想、関心をお持ちのテーマや注目の作家、弊社へのご意見・ご要望がございましたらお聞かせください。

お客様のご感想をHPや広告など本のPRに、匿名で活用させていただいてもよろしいでしょうか。
□はい　□いいえ

ご協力ありがとうございました。

アンケートにご協力いただいた方の中から毎月抽選で5名様に景品を差し上げます。当選者の発表は景品の発送をもってかえさせていただきます。
詳細はこちら https://www.seigensha.com/campaign

雲南省　二〇二四年

「涼しい」。

酷暑の東京から、標高およそ二一〇〇メートルの昆明長水国際空港に降り立った瞬間、そう思った。気温こそ二八度と表示されているが、カラリとして、三五度の東京を思えばここは楽園だ。貴州省再訪に遅れること三カ月、二〇二四年八月、およそ五年ぶりに雲南の地を踏んだ。

二週間弱と、それなりに長い日程を雲南の旅にあてることにしたが、広い省内あちこちを移動しようと思うと、とにかく移動に時間がかかるため、旅のプランを貴州よりもしっかり練り込んで行く必要があった。

幸いにも、きっかけとなる連絡は思わぬところからやってきた。夏前、麗江の銅鍋屋のおばちゃん（P.49）から、麗江市内の別の場所に移転し、拡大オープンするとの知らせが届いたのだ。渡航が叶わぬ間もこの店とは定期的に連絡を取り合うことができ、日本に荷物を送ってくれていたありがたい取引先だ。それならば、久々に訪ねて〝おめでとう〟を言おうじゃないか。それを起点に、五年ぶりの雲南旅を組み立てることとした。

二〇二三年に開通した、麗江から香格里拉をつなぐ高山鉄道（麗香鉄道）にも乗りたい。この移動が確立されたことで、雲南最北部のアクセスが抜群に良くなった。実はコロナ禍中、雲南では南部でも昆明から西双版納、さらに国境を越えてラオスのビエンチャンまでつながる鉄道（ラオス中国鉄道）が開通しており、そちらもいつか乗ってみたい路線だ。

以前までの旅をおさらいするように、まず昆明から大理、そして魏山へ向かった。たった半日だけの滞在だった魏山では古城地区であの骨董商のおっちゃんに会えるかと思ったが、その姿を見つけることはできなかった。周囲の店の人に聞いてみようかとも思ったが、また来る理由にすればいいやと胸の内にしまい、麗江へと急いだ。

快晴の麗江は気持ち良いが、とにかく日差しが強い。日陰を探しながら古城の石畳を歩いていて、思わず目を疑った。コロナ禍でぱったりと観光客が途絶えた時期があったからなのか、以前より古城を流れる水路の水がきれいになっていたのだ。二〇年前に初めてここを訪れた頃からすれば、格段に汚くはある。けれども、現代中国にあって、観光地が以前より綺麗になるなんてことはないに等しい。だから驚いたのだ。

銅鍋屋さんも以前はこの古城地区の一角にあった。観光地ではあるが、市民の生活を支える大きな市場もあり、ここに店を構えていることに違和感はなかったのだが、確かに手狭ではあった。

そんなことを思い出しながら、竹の茶葉かごを売っている荒物屋へ向かった。記憶では三軒あったはずなのだが、この日は二軒しか見当たらなかった。コロナ禍で一軒閉店したのかもしれない。

前にも買い付けたことのある一軒は、その時の店主ではなく息子と思われる若者が店番だった。かごを物色していたら、下の方に焼物があった。その小さなピッチャーは鋳込みと呼ばれる型で成型されたものだけど、とても風合いが良い。明らかに薪窯の焼成だ。予定が詰まっていたので竹かごと、あるだけのピッチャーを買い付けた。次回はピッチャーを作る窯元を訪ねてみよう。

銅鍋屋は古城から車で二〇分ほどの古鎮の外れにあった。この古鎮もちょっとした観光地である。

明らかに広いじゃないか。店先でそう思った。店に入ると、奥からあの明るく陽気な声がした。

「ああ、お母さん、ひさしぶりだね」。

僕らは軽く抱き合って再会を祝った。のも束の間、お母さんが矢継ぎ早に中国語で何かを言っている。大きな身振り手振りから察するに、どうやら店の前が電気工事で一帯が停電中のようだ。

「なーんでこんなタイミングに来ちゃったのよ〜。電気

移転した銅鍋屋を料理人の友人たちと訪ねた。真ん中がお母さん

がついてたら鍋、ピッカピカに見えるのに〜」と、そんな感じでひたすら残念がっている。

このお母さんのテンションの高さは、以前の店に同行してくれたこの本の制作チームもよく知るところだ。いつ何どきに訪れても四六時中ハイテンションなのだから、十五分も一緒にいればこちらがすっかりくたびれてしまう。

この日もお母さんはしゃべりにしゃべった。同行してくれていた友人のひとりはその日体調があまり優れず、お母さんのテンションに当てられて先に宿へ帰っていった。

そうこうしていると作業服の男たちが店に入ってきた。お母さんがまた何か伝えようとしている。「もうすぐ電気が着くよ、着いたら鍋、ピッカピカ！」。そんな感じだ。

ほどなくして電気がついた。作業服の男たちもピカピカに光る鍋を満足げに眺めている。なんだかよくわからんが、みんな大満足、大円団。

「じゃあぼちぼち帰ろうかな」と言うと、「なんで？　ご飯に行こう」とお母さん。

「あ、いや、実は昼食が遅くて（実際十四時ぐらいだった）、夜もお店を予約しちゃってるんだ」と断ると「バカ言うな、飯ぐらい行けるだろ！」と譲らない。どうしても連れていきたい鍋屋があるという。

「本当にお腹が空いていないんだ」と丁重に断るうちに、お母さんが泣き出してしまった。

「五年ぶりの再会なんだから、鍋ぐらい食べられるだろ……」と、ボロボロ泣きながら言う。

「本当にごめん。次回は必ず行こうね」と約束して、後ろ髪を引かれながらタクシーに乗り込み窓を開けると、号泣していたはずのお母さんがニッコニコで「まったねー！」と手を振っている。あぁそうだ、こういう人だった……。別れ際に僕もやっと五年ぶりの感覚を取り戻したのだった。

麗江からシャングリラを結ぶ高山鉄道（高鉄）は、情報通り開通していた。前回シャングリラに滞在していた時、建設中の高架を見ていたから、なんだか感慨深い。車窓からの景色もナシ族の家並みからだんだんと、チベット族の家並みへと変わってきた。

前日、麗江で銅鍋屋のお母さんの誘いを断らねばならなかった理由は、麗江にあるソンツァムホテル（P.135）のダイニングを予約していたからなのだけど、相変わらずとても良かった。それに気を良くして、あくる日も今度はシャングリラにあるソンツァムホテルのダイニングを予約していたのだった。

ホテル自体は為替の影響と物価上昇とで一泊六万円ほどに値上がりしており、買い付けの旅ではとても泊まることはできないが、チェックインからチェックアウトまで、たっぷりホテルで過ごせる人にはおすすめだ。

僕らはシャングリラ市内の中心部に取ったホテルに荷物を置いて、松賛林寺に向かって車を走らせた。寺院のずいぶん手前で車を降り、チケット売り場で入場券を買って専用のバスで寺へ向かう。バスの車窓から松賛林寺が見えてくると、乗客のほぼ全員が携帯のカメラを向けた。高鉄が開通したことと真夏の観光シーズンとが重なり、シャングリラは今まで見たことのないくらい観光客で溢れ返っていた。そのほとんどが中国人の国内旅行者だ。

チケット売り場で薄々気づいてはいたのだが、観光に来ている若者の多くがチベット族の民族衣装風の貸し衣装を着て、ド派手なメイクをしている。

寺の入り口の門をくぐると、長く急な角度の階段があるのだが、そこから大撮影大会が始まっていた。至る所でポーズを決め写真を撮っている。専任のカメラマンを連れている人もいれば、敷地内あちこちにいるカメラマンに、1カットいくらでお金を払い撮影をしてもらっている人もいる。

なんだこの光景は。寺院の建物内はさすがに撮影禁止だが、建物の壁、階段、通路まですべてが撮影スポットにされてしまっている。

かつての松賛林寺は、雲南省最大のチベット寺院として、もちろん観光地ではあったが、どちらかと言えば七〇〇名を超える修行僧たちが主役の荘厳な場所であった。それが今や撮影しながらキャッキャしている若者たちを僧侶のほうが避けて通る有様で、まるでひどい観光地になってしまった。今回の雲南旅で最もショックな出

階段を下るも上るもこんな女の子たちばかりだった

来事だった。

シャングリラの良い変化を挙げるなら、周辺にワイナリーが増え、ワイン作りがますます盛んになってきたことだ。クラシックなワインからナチュラルなワインまで、さまざまな選択肢ある。

ソンツァムのダイニングでも、以前からある地ビールに加え、各種ローカルワインが提供されるようになっていた。シャングリラの古城地区では、雲南ワイン専門のワインショップも誕生し、併設のダイニングではグラス一杯からそれを楽しめる。

そこで雲南のナチュラルワインを頂いたのだけど、雲南最北の梅里に近いエリアにあるワイナリーで、白はシャルドネ百パーセント。これが美味しくて気に入ったので、そのワイナリーの赤を一本買って帰ったが、カベルネソーヴィニヨン百パーセントのそれも、ナチュラルな味わいで、日本のナチュラルワイン愛好家なら、これはたまらんだろうなという味わいだった。

ソンツァムのダイニングは宿泊客でなくても利用可能

シャングリラを後にし、昆明まで高鉄で五時間かけて戻ってきた。日本なら新幹線で東京から博多までぐらいの時間。旅の終盤は昆明に滞在する。昆明ではやりたいことが二つあった。焼物とキノコだ。

雲南の焼物というと〝建水《ジエンシュイ》〟がメジャーな産地で〝玉渓〟、〝華寧〟（P.39）と続く。どれも歴史ある産地で現在も作陶が続いているのだが、やはり僕は華寧の焼物が好きだ。

今回はいよいよ産地に行ってみたい。事前に日本で調べた情報だと、昆明から近いのでドライバーを手配せずとも行けそうだったが、華寧には鉄道が通っておらず、自力でどのように行けばよいか細かい手段までは見えてこなかった。ところが現地に来てみたら、昆明市内のバスターミナルから華寧へバスが出ていることがわかった。三時間ほど掛かるが、最寄りまで行けるのだから安心だ。

バスとタクシーを乗り継ぎたどり着いた窯場の集落は、貴州省の雷山の窯場（P.279）なんかとは違い、さすが伝統産地、小綺麗な感じでちょっと観光地化されていた。

昆明駅。中国の鉄道駅は巨大で強固な印象の建物が多い

窯跡の公園に向かって、現役の工房やその売店が並ぶ。ざっと十軒くらいだろうか。ホテルが一軒に食堂が二軒。また来るなら泊まってもいいかな、などと歩きながら思う。

この日は月曜日、それもまだ午前中だからか、売店や窯元は半分ほどしか開いておらず、作業をしている様子もない。表通り沿いに二、三軒、雰囲気の良い古い民家があり、軒先で唐辛子を干していた。暮らしがあるな。

歩いていると、焚かれていない感じだったが個人の登り窯が一基あった。ちょうど工房の母屋の建て替え中で、一時避難のためか、なんと登り窯の中に各種荷物がぎっしり詰まっていた。

察するに、この登り窯はもう使われていない。その奥にも登り窯が二基あった。それらは窯自体が比較的近年に作られたもので、およそ窯元が自分たちでやったとは思えない大掛かりな排煙処理の機械が窯の奥、煙突の方についており、国の大きな補助金が入っているのだと思われた。

華寧の表通りは小綺麗だが、昔ながらの暮らしが目に留まる

窯跡や集落内の展示施設で得た情報によれば、中華民国時代の末までは十四軒の窯があったそうだけど、今は集落内にそのうち八基の窯が残っているだけだそうだ。

その後、昼食を挟んで、ようやく開いた窯元の売店を訪ね歩いてみたが、やはり薪窯で焼かれた物はなく、ガスや電気の窯で焼かれたものばかりだった。

僕が買い集めている少し昔の華寧の焼物とはずいぶん雰囲気が違う。陶土は綺麗に細かく精製されており土味が乏しい（不純物が混じってこそ面白い表情が生まれるという偶然性がない）。古いものよりも発色良く、ツヤ感の強い釉薬と、化学窯らしいあっさりとした焼成で、ツルリと綺麗な焼物ではあるけれども、僕が好む焼物ではなかった。

往路に三時間、滞在も三時間、そして帰路も三時間。産地の変遷を足と頭で捉えることができた。買うものはほとんどなかったのに、どこか満足した自分がいた。

そしてもうひとつ、八月の雲南と言えば、キノコだ。

大きな甕から小さな茶杯まで、華寧の焼物は幅広い

省内どこを旅していても飲食店に入れば「野生菌」（天然キノコのこと）の文字が目に入る。

省都の昆明には中国最大、いや、世界最大と言われる野生菌市場があり、二四時間絶えずどこからかキノコが届き、またそれを求める人たちで賑わう。

初版時も本書に雲南のキノコについて書こうと思ったのだが、工芸ではないしな……という理由で外した経緯があった。けれど、僕がよくSNSに雲南キノコのことをポストしているからか、雲南の話が出るたびキノコのことを聞かれるので、今回は外すわけにいかない。最後にキノコを語ろう。

雲南のキノコシーズンは、雨期とともに始まる。だいたい五月から十月初旬ぐらいまで続くが、最盛期は七、八月だ。

今年の旅はまさにキノコシーズンのピーク。旅全体を通じて二〇種ほどのキノコを食べることができた。日本にやってくる中国産松茸も、その多くが雲南で取れたものだが、当然ながら採ってから時間が経っている。採っ

昆明の野生菌市場。今では見ればほぼ種類が判別できる

たその日、あるいは翌日に市場に並ぶその香り高さときたら……。

しかし僕は、あえて日本ではあまり知られていない雲南の人たちが大好きなキノコを食べてもらいたいと思う。雲南人が好むキノコのベスト3は、見手青《ジエンズーチン》、干巴菌《チエンバージュン》、鶏枞菌《ジーズオンジュン》である。

見手青はポルチーニ系のキノコで、切ったそばから断面が青くなっていく。美味しいとは思えない色だし、幻覚を起こすような毒を持っているので適切に料理しないといけない。だが、キノコ鍋で食べるとこれが美味しいのだ。見手青に限らずポルチーニ系のキノコはとにかく種類が多いが(毒のないものもある)、どれも総じて美味である。

干巴菌はイボタケ系で日本にはない。見た目はちょっと天然舞茸に似ているけれど、舞茸とはまるで違う。独特の食感や香りの高さと味わいの深さは説明が難しいのだが、僕はこの香りが大好きだ。一番好きな雲南キノコはこれかもしれない。干巴菌は鍋にはせず、炒めたり、炊き込みご飯などにする。ハイシーズンには市場でこのキノコの土を落とすなどの作業をしている人がたくさんいるからすぐにわかるはずだ。

鶏枞菌はシロアリの巣の上に生えてくるキノコで、日本では沖縄に生息するそうだが、まったく一般的ではない。これも細かくは種類がいくつかあるのだが、長くて大きいのですぐにそれとわかる。これは鍋にしたり炒めたり、食感がとにかく良い。鶏のササミのような感じで肉肉しさがあり、そこにキノコ特有の旨味がしっかりあるからたまらない。誰もが好きになるだろう癖のなさだ。

ほかにも日本のキノコ好きが乱舞しそうな、香茸や、チチタケ、アンズタケ、アミガサタケなども山ほど売られている。

香格里拉
松茸

もちろん市場で買って調理をするのは、我々旅人にはハードルが高すぎるけれど、昆明にはキノコ鍋の店が並ぶ通りもあるし、ハイシーズンなら家常菜のレストランでも、キノコの炒め物を用意しているところが多い。雲南ワインの進化も考えれば、今後ますます食いしん坊たちが雲南に注目していくことだろう。

旅の最後、昆明空港で〝文山三七《ウエンシャンサンチー》〟の広告が目に入った。これは文山というエリアで採れる三七人参のことで、不老長寿の漢方とされている。

雲南のあちこちでこの文字を目にすると、ふと我が息子の文七を思い出す。二〇二〇年の初版出版の時は三歳だった息子も、もう七歳。最近は中国語に興味を持っている。

そして、二〇二〇年六月には娘の小夏が誕生した。小夏は生まれて一年以上、ほぼ毎日父親が家にいる暮らしだったので、最近不在がちなのをどう思っているだろうか。ここのところ旅の終わりには、子どもたちのために英国発のアニメ〝ペッパピッグ〟のグッズを探すのが買い付けのシメとなっている。

正宗
野生
虫草

貴州省《きしゅう》

はたして、貴州省が中国のどこに位置するのか、すぐに思い浮かぶ人はどれくらいいるだろうか。中国西南部、雲貴高原の東北部に位置し、人口の四分の一を苗族《ミャオ》や侗族《トン》をはじめとする少数民族が占める地域。その大地の大部分が石灰岩に覆われているため、でこぼことしたカルスト地形をなして、それが独特の風景をつくりだす。再開発が目覚ましい昨今の中国の中でも、最貧の省とされてきた後進地域だからこそ少数民族たちの文化がそのままの姿で各地に残っている。

[中国全土]
北京
上海
貴州省

茅台《マオタイ》
松桃《ソンタオ》
施洞《シードン》
貴陽《グイヤン》
麻塘《マータン》
凱里《カイリー》
石橋《シーチャオ》
雷山《レイシャン》
丹寨《ダンジャイ》
肇興《ジャオシン》

貴州省

貴州省の入口出口

貴州省は中国の内陸、南西部にある。お隣の雲南省とは違って、どこかの国と国境を接しているわけではないので、場所がイメージしづらいかもしれない。中国全土に散らばる五十五の少数民族のうち、十七の民族がここに暮らしている。代表的な少数民族は苗族《ミャオ》、侗族《トン》、布依族《プイ》で、少数民族が人口の四割弱を占めている。

旅のスタートは、空路で省都の貴陽《グイヤン》へ。おそらく貴州省の旅を始める人のほとんどは、ここが入口となる。

国際空港ではあるが、東京からの直行便はない。日本の多くの都市からは、中国沿岸部の大都市で乗り継ぎ、貴陽龍洞堡《きようりゆうとうほ》国際空港に入る。

飛行機が着陸に向けて高度を下げると、貴陽の丘陵地帯が見えてくる。くねくねとした道路を車が走り、集落が点在している。旅への期待が高まる時間。飛行機嫌いというのもあって、早く降りたくてウズウズしてくる。

貴陽の空港は、コンパクトだ。そこから直接、いくつもの都市に中距離バスが出ているし、それ以外の都市へ行くバスターミナルも空港のすぐ近くにある。中国の空港には珍しく、空港から市内中心部までのアクセスがとてもよく、タクシーで二十分ほどで町の真ん中へ行けるのはありがたい。

貴州省の人と貴陽の町の話をすると、こんな話題になることが多い。

「太陽が貴重なんだ。だから貴陽という名がついた」と。貴州省には「天に三日の晴れなし、地に三里の平地なし、民に三分の銀もなし」ということわざがあるくらい、曇りと雨が多い。貴州省に着いたその日が曇りだと、「やっぱりなあ」と、なんだかうれしくなる。

貴陽は標高千メートルほどの高原都市で、気候は年中穏やかだ。夏も湿気が少なく暑すぎるということもないし、冬も寒すぎない。春と秋は抜群に過ごしやすい。そして意外かもしれないが、しっかりと都会。人口は三五〇万人で、日本で言えばかなりの大都市なのだが、中国においては中規模都市だ。この町では、民族衣装を

場所があればどこでもくつろぐ

着た少数民族に出会うようなことは、ほぼない。

ここは、買い付けにおいて見るべきものがたくさんある町ではないので、もし時間があれば博物館に行く。残念ながら、少数民族の文化については日本語はおろか、中国語であっても書籍としての資料がそう多くはない。生きた資料としての博物館が、僕にとって大切な学びの場になっているのだ。

しかし、以前までは、この博物館もお世辞にも褒められたものではなかった。展示の質も内容も、満足するにはほど遠かったのだ。ところが、ありがたいことに近年のリニューアルで格段によくなった。

貴州民族博物館は町の中心にある。でっかい毛沢東像が目印で、その背後にある独特の形をした建物なので、ものすごくインパクトがある。

少数民族の分布図から各民族の特徴や暮らしの様式、工芸のことなど、多岐にわたる文化のほんのさわりではあるが、わかりやすく掴むことができる。

買い付けは時に、買い付けたもの自体の裏付けとなる

貴州も麺食文化

情報が乏しいことがあるので、その答え合わせのために訪れることもある。買い付けた大切な手仕事は、正しい情報とともに次の人に渡していきたいと思っているのだ。だから、知識の点と点を結ぶためにも博物館は大切な場になっている。

中国の博物館の多くは入場が無料だから、これもありがたい。パスポートの提示が求められることがあるので、お忘れなく。

更に時間に余裕があれば、二〇一六年に、町中から少し郊外へ移転し新しくなった貴州省博物館へも足を運ぶ。こちらは少数民族のことだけではなく、省全体のことを展示していて、民族博物館よりもスケールがはるかに大きい。

中心部から時間が掛かるので頻繁には行かないが、織物については実際の織り機が多数展示されていて、民族博物館の展示を補完するのに十分なクオリティがある。織物に興味がある人なら、これはたまらないだろう。

博物館の周辺一体が新たに作られた計画都市のような場所なので、その無機質な景色を見るのもけっこう面白い。時間は掛かるがバスでここまでやってくると、その感覚がよくわかると思う。省都であるにせよ、簡単に新しい町が生み出せてしまう国土の大きさには、驚くばかりだ。

僕にとって貴陽の一番の楽しみは、〝旅の出口〟にある。つまり終わり際。貴州省を回って日本へ帰る前、必ずここで一泊して楽しむのは食だ。貴陽には貴州省全土から、さまざまな名物料理が集まってきている。僕自身、もともと食いしん坊ではあるのだが、食を知ることは土地を知ることでもあるから、工芸を探す旅ではあるが、食への情熱もきわめて高い。

日本ではまだまだ知名度が低い貴州料理だが、実は中国では四川、湖南と並ぶ三大辛い料理のひとつでもある。

貴州省の食のことは、またあとで詳しく書くけれど、基本的には〝酸辣〟と称される酸っぱさと辛さのバランスが絶妙な料理が多い。発酵調味料も独特なものがいくつもあり、今まで食べたことのない味、想像のつかない味をそこかしこで味わうことができるのだ。

貴陽のグルメストリートは「合群路《ホーチュンル》」がよく知られているが、個人的には空港へのアクセスもいい蔡家街《ツァイジャアジエ》あたりが好きだ。この通りとそれに交わる通りには、いくつもの小さな名店、大箱の人気店がある。

たとえば、中山東路《ジョンシャンドンル》から入ってすぐ右側に、常に地元っ子で行列のできている、貴陽の名物麺料理「腸旺面《チャンワンミエン》（麺）」の店がある。これは日本のラーメンのような、かん水を使ったぷりぷりの黄色い卵麺（この麺自体、中国ではけっこう珍しい）で、豚の脂の部分を揚げたもの、血を固めたもの、モツなど、日本人にはちょっと馴染みが薄い具が入っている。スープは真っ赤なのだが、見た目ほど辛くはない。

そして、僕の行きつけは、腸旺面の店から通りを挟んだ向かい側にある豆花面《ドウホアミエン》の店。ここで豆花面を食べるのが、僕にとって貴州旅を締めくくる恒例の儀式のようなものになっている。

豆花面とは、薄い豆乳のようなお汁に小麦の平打ちの太麺と豆花（おぼろ豆腐）が載っかり、そのどちらもつけダレにつけて食べる麺料理。

これ自体は貴陽の名物ではなく、貴州省北部・遵義《ズンイー》市のご当地麺なのだが、遵義には買い付けで行くことがないので、僕の場合は貴陽で食べるのが常。つけ汁というほど汁感がない、こってり油の旨味ダレ。

これが簡単に再現できるものなら、家でも作って食べたいのだが、タレを舐めても舐めてもわからない。油かすが入っていたり、揚げた落花生や、肉やネギが載る。決め手は生のミント。これがどさっと盛られるのがポイントで、卓上にも〝追いミント〟やザーサイが置いてある。香りや食感を加えながら食べ進めていくのも、またたまらない。

ミント風味のつけ麺？　いやいや、これが本当においしいんだ。たった二百円ほどで、身も心も満足させてしまうんだから、この麺は偉大である。

買い付けがうまくいった時の最後の朝などは、意気揚々とボリュームたっぷりの豆花面をたいらげて空港に向かえば、しっかり貴州省の余韻に満たされる。

菜の花畑と棚田

鉄道やバスで貴州省内を移動する時の楽しみは、車窓。日本と植生が似ているからなのか、山村の風景はどこか見慣れた感じもするし、どこまでも続いていく里山の景色や、時折現れる、おそらく少数民族の村であろう独特の建築が建ち並ぶ景色にもハッとして、つい釘付けになる。きっと、映画『山の郵便配達』（一九九九年　フォ・ジェンチイ監督作品）が好きな人ならグッとくるはずだ。あの劇中にも似た風景が移動しているだけで見られるのだから。

あの映画は、貴州省の隣の湖南省に住むトン族の話だから、貴州省のトン族や他の少数民族の暮らしと重なるのも自然なことだと思う。

ところで、日本ではこの時代、なかなか出合えるものではないのだが、貴州省では田舎にいくほど、どんどん増えていく景色がある。それが菜の花畑と棚田。

〝中国の菜の花畑〟といえば、雲南省の羅平《ルオピン》県の雄大な菜の花の絨毯が観光地として人気が出たことで、日本でも少しは知られるようになってきたが、貴州省でも春になると、あちこちで広大な菜の花畑が見られるのだ。

この菜の花畑は、国策で菜種油を採取するために拡大してきたというから、もともとは見せるためのものではなかったらしい。しかし、黄色が視界いっぱいに飛び込むあまりにも迫力ある光景なので、今では大きな観光資源になりつつあるようだ。

個人的には圧倒的すぎて、すぐに見飽きてしまう感もある。日本でもよく「一面の……」という表現をするけれど、そんなレベルじゃない。さすが中国、と感心してしまう反面、桜にしても藤にしても、わざわざ見せるために植えられたものよりも、野にある一本の木にじわじわ感動するタイプの僕には、あまりこれは好みではないようだ。

一方、棚田はどこで見てもつい感動してしまう。棚田の田んぼ作り自体も大変なものだし、さらに田植えから稲刈りまでの一連の作業は機械も使えない、完全に人手の作業になるわけだから。貴州省では、だいたい二十四節気でいう「小満」の頃、つまり五月の下旬に田植えが行われる。棚田のあちこちで田植えをする人たちの姿を見ていると、涙がこぼれそうになる。

晴れの少ない貴州省では、稲作は年に一度。これが二度ならもしかすると最貧の省ではなかったのかな。そんなに簡単な話ではないか。

それほど貴重な実りの秋だから、その頃には少数民族のお祭りも盛んで、貴州省を旅行で訪れるには、ベストタイミングのひとつと言えるだろう。

僕自身も貴州省の秋の祭りは、ミャオ族のものをいくつか見に行ったことがある。

かつて、祭りは山村の村々からやってきた若者たちの出会いの場だったのだが、今は携帯電話の普及もあって、その意味合いは薄らいできているようだ。しかし、娯楽が少ないこの土地に暮らす人々にとって、とても重要なイベントであることには変わりがない。

ちなみに、少し前に中国と国境を挟んだお隣ベトナム北部の田舎を訪れた時にも、棚田が増えていた。そして、人生最高と思える棚田の景色を見たのも、同じ北部のムーカンチャイという地域だった。二〇一一年頃のことだ。ちょうど稲刈りの直前で、重たく垂れ下がる稲穂が、見渡す限り黄金色に輝く最高の瞬間だった。

いまだに、自分にとって一番の棚田の景色はここだと思っているけれど、その後も毎年のようにベトナムや中国で棚田を見ていると、だんだん記憶が上書きされてしまって（どこもそこそこすばらしいものだから余計に）、正直もうよくわからない。

国が棚田を増やしているのには、人口は増える一方だが山にしか土地がない、というような事情があるのだろうか。そう思ってしまうほど、かなり急な斜面のちょっとしたところにも棚田を作っている。

ベトナムで言えばモン族（中国だとミャオ族）は山の民で、政府がいくら平地で生活するように促しても、決して山を降りてはこないと聞く。山に住み慣れた民の田んぼだから、そんな風になるのだろうか。だとすれば、中国のミャオ族の棚田も同じ理由なのかもしれない。

事情はともあれ、山肌に棚田が連なり、その麓に昔ながらの少数民族の集落があるという光景は、それだけで胸に沁みる。

最近では、建て替えや増築などで、瓦屋根がトタンに変わり、建材も今どきの安っぽい素材の家が増えていたりするのだが、そんな家さえなければ、本当に百年、二百年前にタイムスリップしたかのような風景なのだ。

人の手によって生まれた、人の暮らしの景色。これこそ、貴州省の〝持ち帰れない工芸〟と言ってよいのではないだろうか。

貴州の竹かご

藍染めを見るために、初めて貴州省にやってきたのは、二〇一三年だった。その時、藍染めと同じくらい、いやある意味それ以上に僕が心奪われてしまったものがある。それが、この土地で使われている竹かごだ。

貴州省を旅していると、そこかしこの町や田舎の村で竹かごを見かけた。この時代にあっても少数民族の人々の日々の暮らしの中に、未だにしっかりと竹かごが存在していることがうれしかった。どれも本当に実用的で見た目にも美しいのだが、それ以上に力強さが印象的なかごが多い。しかもそれらをよく見れば、用途に応じてさまざまな形と種類があり、それぞれ竹の太さや厚みも工夫されていて、竹かご好きの僕にはたまらない。経年変化でうっとりするような飴色になったかごに、たっぷりの野菜や果物を入れ、天秤棒に吊るして担ぎ、ガンガン使っている人たちがいる。

路上で野菜を売る人たちが使っているかごも、同じようにいい具合の飴色に育っている。日常の連続が生む道具の輝き。これを実際に使っているのは女性が多いという反面、僕にはどこか男性的というか、筋肉質な道具に感じられて、その力強さに惚れ惚れするのだ。

貴州省のかご文化に魅了されてしまった僕は、その半年後の二〇一四年に再訪問することにした。

そう遠くない未来、この竹かご文化が失われていくのは、僕の目には明らかだったからだ。残念なことに、すでにニスのようなケミカル塗料で仕上げられた竹かごが増えつつあるようだ。それどころか、ワイヤー素材のかごが、竹かごのシェアを奪いつつもあった。

ワイヤー素材のそれは、軽くて丈夫で安い。何十キロの野菜や果物を運ぶ人たちにとっては、とてつもなくありがたいニューカマーなのだろう。ただ、情緒はないし、経年したものはサビが目立ち、お世辞にも美しい道具とは言えない。それでも憎めないのは、竹かごの形をそのまま模して作られているところ。つまりは、オリジナルの竹かごの形が、いかに秀逸だったかということでもある。

そんな状況も目にしていたからか、実は帰国後、竹かごたちが夢にまで出てきた。かごにうなされた、と言ったら大げさに聞こえるだろうが、寝ても覚めてもそのことを考えてしまう日々が続いた。それならと、また貴州省行きの航空券を買ったのだった。

最初の旅の時に、凱里《カイリー》という町の旧市街の一角に、仏具や竹の荒物を扱っている問屋が集まる場所があるのを見つけていたので、そこを足がかりに、いくつか別の町も訪ねてかごを集めることにした。

そして現地では、同じく最初の旅の時に車や旅程など、さまざまなことを手配してくれたコーディネーター兼ガイドのビリー（ミャオ族の男性）と一緒に動くことにして、事前にメールのやりとりを重ねた。ビリーは僕よりも少しだけ歳上だが、お互いの子どもの年齢も近く、その後も何度も貴州省の僻地まで一緒に旅をして、今では僕の大切な友だちになっている。

いざ竹かごを仕入れようとなると、避けては通れない大きな問題が輸送だ。貴州省は内陸なので、飛行機で日本まで飛ばしたら大変なコストになる。船で運ぶのが現実的のような気がするが、果たして沿岸部のどの都市に持って行けば日本まで運べるのか。

事前に日本国内で中国貿易をしているいくつかの会社に伺い、話を聞き、その中の一社で、どうにか広州方面から日本に向かう船に二十フィートコンテナを仕立てて竹かごを積む段取りを整え、貴州省へ向かった。しかし、凱里から広州までの陸送はというと、まったく手配できていなかった。ぶっつけ本番だ。

凱里に着いてビリーと合流。旅行の手配ならイレギュラーなものまでお手のものの彼でさえ、こんな経験はまったくの初めて。最初の二日は、竹かごを集めるというよりも、この陸送の段取り作りだった。

今では車で十二時間弱で凱里から広州まで行けるのだが、当時はまだ高速道路が未整備の区間もあり、もっともっと時間がかかっていた。そんな距離の問題に加え、二十フィートのコンテナに積めるだけの竹かごを運んでもらえるトラックとドライバーを確保しなければならない。僕らは、町にある宅配の会社や物流会社を一つひとつ回って探すしかなかった。

難航することは予想していた。しかし、ここらへんが中国の面白いところで、二日目にとある会社を訪ねてから、あれこれと人づてに連絡がつき、案外あっさりとトラックとドライバーが見つかって、支払うお金の落とし所もつき、拍子抜けするほどすんなりと解決してしまったのだった。もちろん、内心は品物がきちんと広州に到着するまでは、気が気じゃなかったのだけれど。

輸送ルートが確保できたので、あとはものの確保だ。竹を扱うお店は凱里で十軒ばかりと、周辺の町にもある。それぞれのお店の在庫置場は本当に薄暗くて、昼間なのに商品のコンディションが全然わからない。ほこりっぽいことは言うまでもないが、この在庫チェックと選品がなかなか難儀で、ニスのような塗料を塗りつけた最近のかごが、ランダムに混じっていたりしてややこしい。これらはピカピカケバケバしていてまったくいただけないので、ひとつたりとも買いたくない。

いらないものと欲しいものをビリーに伝えてもらい、それぞれのお店でありったけの在庫を見せてもらう。みんな金になる話だから動きが早い。「明日になれば編み手がすぐに持ってくる」とか、店の奥の方から、ものすごいホコリをかぶったものが出てきたり。

いつもやる気なさそうにしている人たちがここまで動くのかとびっくりするが、それも別に嫌なことじゃない。売れればまた作れる、誰かのお金になるのだから。

よくもここまで集まったなというほど、二日間ひたす

味気はないが便利なワイヤーバスケット

らかごを集めた。ところが、よくよく考えれば凱里の問屋街の路地は狭くて、トラックはおろか乗用車も入ってこられない。そのことをすっかり失念していた。

大量のかごをどこでトラックに積むか。途方に暮れていたら、ビリーがトラックの手配をしてくれた宅配業者に交渉し、そこの敷地を使わせてもらえることになった。するど、そのやりとりを見ていた竹問屋のあんちゃんが、オート三輪でそこまで竹かごを運んでくれるという。もちろんあんちゃんにもいくらか払うのだが、こんなこともその場で交渉して次々と簡単に決まっていってしまうのが、中国の面白いところだ。

荷台にかごを積んで、あんちゃんと一緒にオート三輪に乗った。僕は初めての体験。

どれだけ往復しただろうか。

最後のかごを降ろし終えた時、宅配業者の敷地には近所のおばちゃんたちが集まってきていた。どうしてか、みんながうれしそうにかごを触っている。何人かには「売ってるのか？」と聞かれた。地元にいて

こんな姿がいつまで続くのか

も案外それがどこで売られているのか、どんなにすばらしいものなのか気づかないのかもしれない。

日本に運んで売るのだと伝えると皆びっくりしていたが、どこか誇らしそうで僕もうれしかった。たくさんのおばちゃんたちとかごを前に談笑しながら、まだ商売として成り立つかどうかはこれからなのに、妙な満足感があった。

翌日、真っ赤なトラックがやってきた。予想に反して、屋根がないフルオープンのトラックだった。運転手のあんちゃんは行き先を確認し、かごをぽんぽんと積み込む。「なぜこんなものを、こんな大量に?」とでも言いたげな顔だ。

積み終えると、あんちゃんは大きな幌をひっぱりだし、それを屋根にした。僕が心配しているのが伝わっていたのか、あんちゃんはニヤっと笑った。心底ホッとした。

荷台を見ると、まだまだコンテナに入りそうなスペースがあった。「もっと買えばよかったかな」とは思ったが、売れるかどうかわからないかごだ。まあいいか、と思い直した。

あんちゃんに広州側の引き渡し先を伝え、見送った。

赤いトラックの走り去る姿が勇ましく見えた。

そして、広州側に荷物が出た旨をビリーに連絡してもらうと、そこでビリーともお別れだ。彼がいなかったらさすがに無理だった。そこから数年は、ビリーと会うたびに「かごは売れたか?」と聞かれた。たぶん、いろんな国からくるゲストに、この奇妙なかご貿易の話をしているんだろうな。

その夜はひとり祝杯をあげた。

まだ日本に確実に届くと決まったわけじゃないが、すでに達成感があった。荷物は、予定よりも早く広州の港町に届き、受け取りの倉庫会社から一時置きが完了したと連絡があった。

積み荷の個数や内容をその会社と確認しあって、いよいよコンテナに積んでもらい、税関を通り船積みされた。結果的には中国側も日本側も問題なく、竹かごたちは無事に手元に届いた。ただ、そのあと虫食いやダメージのチェックをして、すべてを洗ってきれいにして、と気の遠くなるような作業があったのだけれど……。

今となってはいい思い出だが、竹かごの輸入はなかなか大変だということを思い知らされた。またやるかはわからない。ありがたいことに完売して在庫はなくなってしまったので、もう一度やりたい気持ちもあるが、いいかごが今も二〇一四年当時ほど集まるとは思えない。たった五年だが、それがこの国で手工芸が失われていくスピードなのだ。

余談だが、実は貴州省の竹かごの見本というべきものが、倉敷の民藝館に常設で飾られている。そのかごは中国の手仕事を探した先達が、一昔前に日本に持ってきたものだ。もしこの話を読んで興味を持った人には、倉敷で実物を見てもらいたい。

亮布

中国全土を旅しながらさまざまな布に出合ってきたけれど、「その中で一番面白いものは」と聞かれたら、貴州省の「亮布《リァンブ》」と答える。亮布とは、トン族やミャオ族によって今も作られている、藍染めをベースにちょっと特殊な加工を施した布だ。

藍染めなんだけど、パリっとしてピカピカしている。いや、ピカピカどころか、ピッカピカなのだ。これを初めて見た時は、目を疑った。正直、化学繊維なのかと思った。ナイロンとかポリエステルとかサテンとか、遠目にはそんな風に見える光沢感。

見た目だけではない。布の質感も、作り方も、群を抜いて変わっている。綿生地に藍染めを何度も繰り返し、そこに卵白や豚の血をすり込んで、ひたすら叩く。そうすると、少しずつメタリックな質感に変わっていくのだ。

すり込む、叩くと言われても、想像がつかないでしょう。

そして完成した亮布は、伝統的な日常着や祭礼の衣装に仕立てられる。主に、貴州省の中でも黔《チエン》東南《ドンナン》苗族侗族自治州という南東方面に住む人たちが身に着けているのだが、その中でも民族や住む場所によって、デザインにはさまざまなバリエーションがある。そもそも、亮布の作り方にも細かい違いがあるから、よく見れば色にも織りにも個性がある。

現在では、貴州省内でも男性が民族衣装を着ているのはまれだが、この亮布の文化圏だけは、男性が民族衣装を着ているのをよく目にする。年配者だけでなく、比較的若い人も。この亮布が持つ不思議な魅力がそうさせるのか、シンプルな見た目や仕立てのものが多いからなのか、この布に対する誇りなのか。そのへんは定かではないが、男性の着込まれた亮布の衣装にはグッとくる。肘や肩、よく動く部分に使い込まれた表情が出ていて、なんとも色気がある。レザーのようなシワや光沢感が出てくるのだ。

これまでいくつもの集落で、実際の亮布作りを見てきた。中でも行きやすく、見やすいのは貴州省の東の果て、肇興《ジャオシン》というトン族の集落だろう。

この村は、もともと五つの鼓楼《ころう》（釘を使わずに建てられた木造の楼閣）がある、トン族最大規模の集落だっ

村のあちこちに、染めたばかりの亮布が干されている

たのだが、今では入村料を取られるような一大観光地になっている。

村内の観光地化がどんどん進んではいるのだが、それでもまだ村人がこの布を作っている光景を見ることができる。もしこの布について見識を深めたいなら、ここを足がかりにして周辺に足を運んでみるといい。

つい五年ほど前までなら、村のメインストリートでも亮布作りが見られたのだが、今は観光客向けの飲食店や土産物屋ばかりで、そんな姿はまったく見られなくなってしまった。「ここを観光資源に」と決まった村や町の変化の速さたるや、恐ろしいものがある。日本の感覚では信じられないぐらいのスピード感。

そんな風だから、亮布づくりが見られるのは、メインストリートから一本奥へ入った静かな通り。古くからここに住み続けている人たちの暮らしの姿が残っている路地裏だ。

布を叩くための場所（藍色が移った平たい石や木槌が置いてあるからすぐわかる）が軒先にあったり、大きな

何度も何度も染めては干すを繰り返す

ポリタンクに藍染液が準備されていたり、あるいは染めた布が軒先や畑の傍に干してあったりと、いかにこの布づくりが村の日常的な手仕事であるかが感じ取れるはずだ。

もし路地裏で見つけられない時は、耳を澄ませてみると、どこかから「トントントン」と布を叩く音が聞こえるかもしれない。石の上に藍染布を置き、それを木槌で叩いている音だ。

担い手の多くは女性。集落に響き渡るこの乾いた音は、日本で小鹿田焼の地・皿山を訪ねると、唐臼《からうす》（川の水流を利用した天秤式の臼）が土を砕く音が聞こえてくるのに似て、大きく響く音なのに不快さはまるでない。

それどころか、いつまでも耳に残るような印象的な音。小さな村を訪ねて、何人もが軒先で叩いている音が聞こえてくると、小躍りしたくなってしまうほどうれしいもんだ。

ある村を訪ねた時は、大きな川が流れる傍で、生地を叩く人たち、染めた生地を川で洗う人たちの手仕事を目にして、月並みだけどタイムスリップしたような感覚に襲われた。なくなって欲しくない貴州省の大切な風景だ。

それにしても、ひとつ気になっていたことがあった。肇興においても、この亮布でできた日常着を誰もが着ているというわけではない。着ているのは、むしろ少数派だ。それなのに、ある程度の規模でこれを作り続けているのはどうしてなのだろうか。

ビリーとともに聞き取りをしてみた。彼はミャオ族だからトン語は話せないのだが、同じ少数民族だからかスーッと村人たちの緊張や心の壁を取り除いてコミュニケーションしてくれる。

その答えはこうだった。この村では、夜になると観光客向けにトン族の歌と踊りを披露するショーが開催される。そこで使われる衣装を作るため、村民の間で取引されることがあるそうだ。あるいは、貴州省では亮布を作らなくなってしまった村もあり、そうした村々の人が日常の衣装を作る際に買い求める。そんな需要が背景にあったのだ。

ついでにひとつの参考として、肇興のとあるトン族の女性の亮布の作り方を紹介しよう。

まず、自分で織った綿布、あるいは買ってきた機械織りの綿布を用意する（もちろん前者の方が亮布としての値段は高くなるが、そのことがあまり買い手に理解されないので、最近は後者のものをよく使うそうだ）。

その布に、まず五回ほど藍染めをする。そして叩き始める。

次に水牛の皮を煮て、そこに生地を入れて茹でる。そうすると油分で生地に強度が出るのだそう。

そのあと、それを蒸して、また叩く。

その上から、今度はある木の根っこを煮出した茶色の染液で、三〜四回染める。亮布の中で、時折赤黒く発色しているものがあるのは、この茶色の作用なのだ。そしてその状態から、また蒸す。

そこにいよいよ卵白か豚の血が登場する。この二つはどちらもではなく、どちらかを使うのだそう。良質に仕上がるのは卵白だが、一個分の卵白が二十センチ四方ほどにしか使えないというので、数十メートルを仕上げるには卵白の方がコストは上がる。どちらかを擦り込み、また藍染めをし、仕上げに叩く。

この女性に機械織りと手織り、そして卵白と豚の血、そのいろんなパターンを見せてもらったが、正直なところ仕上がりは好みだな、と思った。発色や風合いにおいて、機械織りだから悪い、ということもない。叩いて表情を出すので、手織りならではのふっくらした質感が……などということもないのだし。

村人に売るならという値段や、外の人に売るならという値段まで教えてくれた上で、僕にはその中間くらいの値段で生地をわけてくれた。手織りに卵白仕上げのものと、機械織りに豚の血仕上げのものとを買った。

知れば知るほど、つくづく面白い布だと思う。

トン族の鼓楼

僕の場合、貴州省では主に南東部を巡っているのだが、田舎で初めての村に出くわすと、何族の村かわからない場合がある。そんな時のひとつの目印になるのが鼓楼だ。これがあればトン族の村だとわかる。

肇興は、鼓楼が五つある珍しい村だと先に書いたが、普通は村のシンボルなのでひとつだけ。この鼓楼の面白いところは、釘を使わない木造で、屋根は何重にも重なり、層の数は基本的に奇数（トン族は奇数を重んじるという）になっている。

中に入って鼓楼の内部を見上げると、古い絵などが描いてあって、なかなか見応えがある。そして、鼓楼の前は必ず広場になっている。

ここで村の各種行事が執り行われるし、普段は年配者をはじめ、みんなのたまり場になっている、とてもピースフルな場所。村によってはテレビが置かれていて、日中ずっとお年寄りの社交場になっていたりもする。村の伝統行事はどんなだろう、と想像してみるとワクワクする。

ちなみに、村の水路にかかる風雨橋《フォンユィチァオ》と呼ばれる伝統的な屋根付きの橋もすばらしいのだが、こちらはミャオ族の集落にも作られていたりするので、それだけではトン族のものだと断定はできない。

しかし、鼓楼に関して言えばトン族固有の文化なのだ。

トン族は基本的にアニミズム信仰だから、村に宗教的な建築物などはない。古い村は鼓楼と風雨橋、そして村人が住む木造家屋や穀物の倉庫が密集し、壮観だ。

伝統的にすべてが木造だから、火事になった時のことを考えて、火を使う民家と、穀物をためておく倉庫とは距離が離れている。ネズミや湿気などを避けたりするために倉庫は高床式になっている。

家屋は地面に建っているものもあれば高床式のものもあるし、高床式でも小さな池のように水を張った中に敢えて建っているものもある。

鼓楼以外の建築物に関してはトン族に限ったものではなく、他の少数民族にも共通してみられるものだ。

トン族らしい集落が見たいと思ったら、アクセスもよく、まだ比較的、昔ながらの姿が残されている榕江《ロンジャン》県の大利《ダーリー》村に行くといい。

ここは大型のバスなどがまだ入ってこられない山あい

どの家でも、鶏やアヒルを飼っている

にある集落なので、観光地化の波が穏やかだ。少人数であれば榕江の町から車で簡単に行ける。山道を下っていくと木々の間に見え始めるあの美しい村の姿は、初めて訪れる人にはたまらないだろう。

とはいえ、先日六年ぶりに訪ねたら、村の外からやってきた人たちが洒落た宿を始めていたりと、少しずつ変化はあるようだ。願わくば、あまり劇的に変化せず、穏やかさと経済性とをうまく両立させてもらいたい。

一方では、そんな変化などどこ吹く風で、村にいくつもある風雨橋には、昔と変わらずのんびりと時間を過ごす村人たちが集まり、よい雰囲気だ。突然現れた日本人に態度を硬化させるわけでもなく、言葉は通じないがお互いに笑顔で過ごすことができる。このホッとする感じはどこの田舎の村に行ってもそうで、貴州省の土地柄なのだろう。

少数民族の村々の観光地化と言っても、村によってグラデーションがあるのだが、手付かずの村の光景が残っているのが、肇興村の近くにある堂安《タンアン》村と紀堂《ジタン》村という

場所があればどこでも干す。これは薬草

トン族の村だ。

ここでの忘れがたい思い出がある。

ある年、十月の日曜日の午前中に堂安村を訪れた時のことだ。収穫シーズンの豊かに実った棚田も息をのむ美しさだったし、村のあちこちに稲が干されている姿も心なごむ景色だった。

ある家では何かの集まりなのか、家族、親族が集まってごはんを食べていた。男たちはもう米焼酎をガンガン飲んでいて、ご機嫌な様子。

僕が家を覗き込んだら「入っていけ」と。早速「飯食ったか？　酒飲むか？」と波状攻撃。

こういう場合はいつも、一杯だけ乾杯して立ち去るのだが、この時ばかりは目の前の丼に山盛りのレバ刺しが目に留まってしまった。

「うわー、大丈夫かなぁこれ食べて」（生ものがちょっと不安）と思ったのだけど、村人はガンガン食べている。きっと朝潰したばかりの豚だ。

これが僕の好きな貴州省でよく食べられているドクダミの根「折耳根《ショオアルゲン》」を使ったタレで和えてあったものだから、もう我慢できない。

思わず差し出されたハシをレバ刺しに伸ばしてひと口。

角が立ったレバーの新鮮さと食べたことのないタレの風味。思わずもうひと口、もうひと口。

結局、朝の十時に米焼酎とレバ刺しを腹一杯食べてしまった。

そうしてほろ酔いで訪れた午後の紀堂村は、規模こそ小さいけれど、村のそこかしこで女性たちが亮布を作るために藍染めをしていた。

染める、洗う、干す、さまざまな工程を一度にそこらじゅうで見られるのだから、こんなにうれしい機会はない。

指を真っ青にした女性たちが路地の水路で生地を洗い、それを竹かごに入れて天秤棒で担いで狭い路地の坂を登っていく。家の裏手の空き地で藍染めした生地を取り出し、バッと地面に広げ、干す。視界のあちこちにそんな女性たちの姿が飛び込んでくるものだから、こちらもどこから見たらよいやら、頭がパニックになってしまった。

こんな風景が、日常が、今他のどこにあるだろうか。

この村は、他の村と比べても高低差があって、狭い路地の石でできた階段や道だけで、ものすごく見栄えがするし、階段を上がったところにある空き地から見下ろした鼓楼やその周りの生活の姿も、クラクラするほど愛おしい光景だった。

鼓楼の中では、男たちが簡素なパイプをくわえて、トランプに似た札が長方形の独特なカードで博打をしていたり、その横では働き者の男性が見たことのない道具で墨を使い、角材に印を付けている。どこかの家の補修だろうか。男たちの日常も興味深い。

第一名

謎の食材「瘪」

トン族の魅力は、建築や民族衣装だけではない。食もまた独自の文化を持っている。食文化全体のことを語るほどは詳しくないので、個人的に思い出深い、いや苦々しい話を。

肇興の町を初めて訪れた夜。僕は、あるトン族の家常菜《ジャアチャンツァイ》（家庭料理）が食べられる食堂に入った。その頃はまだ、貴州料理がどんなものかもわかっていなかったので、メニューに並んだ漢字がいちいちわからない。

唯一読み取れたのは、日本でも誰だってわかる「麻婆豆腐」くらいだったが、そこに逃げたくはない。悩みに悩んでいると、見かねた店員さんが身振り手振りで助け舟を出してくれた。

促されるままに、メニュー上段の店のおすすめメニューから二つとスープをオーダー。どんなものなのかさっぱりわからなかったが、こういう場合は従っておくのが吉だろう。

スープは豆腐と青菜が入った、なんてことないもので（他がこってり料理多めの時はこれがうれしい）、もうひとつは、絹さやとベーコン（のような肉）の炒めものだった。

あとで知ったのだが、これは腊肉《ラロウ》という、中国各地で広く食べられている干し肉のトン族版だった。

そして、遅れてやってきたもう一品が、なんとも奇妙だった。浅鉢のようなものに入って出てきたのだが、汁がたっぷり入った炒めもののようで、その汁は不思議な茶色がかった緑色をしている。具材は牛肉と青菜とセロリ。

ひと口食べてみると、苦い。あれれ、と思って思わずビールを飲んだ。

おかしいな、苦い。もう一度口に運んでみる。やっぱり苦い。

どうやら汁が苦いのだ。食材に苦いものはないし、腐っている感じでもない。そのまま食べ進めたが、どうにもこうにも自分が知っている味覚の枠の中に収まる味ではなかった。

店を出て、もらった手書きの領収書を見てみると、「焼牛瘪」というメニューがどうもそれらしい。

〝瘪〟ってなんだ？

その旅では結局この料理と再び出合うこともなく、〝瘪〟のことはすっかり忘れてしまっていた。

それから二年後、ビリーと旅をしていたある日のお昼

トン族の台所にお邪魔した

ごはん。食堂でビリーがニヤニヤしながら、「忍、今日はちょっと変わったものを食べよう」と言った。

鍋料理だというそれが運ばれてくると、ビリーはしきりに「ビエだ。ビエ」と言っているが、僕には〝ビエ〟がわからない。

それが、ひと口食べた瞬間によみがえった。この味、この汁の色。

「ビリー、これ食べたことあるよ。前に肇興で食べた」

というと、ビリーは驚いて、

「本当か？　こんなもの普通外国人は注文しないぞ」

と言う。

トン族の店員さんがオススメしてくれたんだという話をして彼も納得。瘪《ビエ》はトン族伝統の食材だった。

では、この瘪の正体はなんなのかというと、牛やヤギの胃の消化液だという。つまり、草を食べる動物の胃の消化液なので、草が溶けたドロドロの汁、ということになる。色と苦味、なんとなくわかってもらえるだろうか。

“苦い”がうまい鍋

何でも食べると言われる中国人の間でも、この食材は珍食・怪食と言われているそうだ。

以来、よくよく市場を見てみると、貴州省の田舎の方では、癟がたっぷり入ったバケツが置いてあったりする。そんな風にして本当に売っているのだ。もともとはトン族の中だけで食べられていた癟は、薬効のある食材として信じられてきたが、今では次第に流通が広がり、貴州省各地のお店でも食べられるようになってきたそうだ。

確かに苦くて変わった味だが、食べ慣れるとなかなかクセになる。実際僕も今は年に一度は食べているし、癟の風味が足りないと〝追い癟〟をするほどまでになった。

トン族はじめ、少数民族が各家庭で飼う豚たちは、何でも食べる。だが、牛やヤギは草しか食べない。

「田舎の自然豊かな環境で育っているんだから、癟が体に悪いわけがないだろ？」

とビリーが言う。そう聞くと、苦々しさが清々しさに感じられるような気がするのは、僕だけだろうか。

10元

凱里の町

僕が貴州省の南東部を旅する時にベースにしているのが、黔東南苗族侗族自治州の州都にあたる、凱里という町だ。

ちなみに「黔」は貴州省を表す昔の漢字で、現地では今もよく使われているらしく、友人ビリーは、この漢字を指して「『black now』。晴れが少ない貴州省にぴったりの名前だろ?」と苦笑いしながら言う。なるほど。

凱里は人口五十五万人ほどの町で、中国の全国チェーンのファストフード店くらいならある中規模都市。貴州省の入口・貴陽からはバスで二時間半ほどの距離にある。

どうしてか、この町は僕にとっては過ごしやすくて気に入っている。民族衣装を着た人たちもほどほどに暮らしているし、町のスピード感がまだちょっとのんびりしているからだろうか。買い付けの移動に便利だから、というだけではない居心地のよさを感じている。

何かと僕を助けてくれるビリーもこの町に住んでいる。貴州省の最初の旅から彼にお世話になっていることは先に書いたが、彼との出会いはとても印象深かった。

二〇一三年の秋。僕が訪れたかった時期が、ちょうど大きな祭りと重なっていた。それ自体はうれしいことなのだが、英語通訳のできるガイドが既に各国の観光客によって押さえられてしまい、直前までどうにもガイドが見つからない。そんな中、一度断られたガイドから、もしかすると空いているかもしれないと紹介されたのが、凱里をベースにしているビリーだった。おそらく、省都の貴陽ベースのガイドは全員スケジュールが埋まっていたんだろう。

藁にもすがる思いで、ビリーに国際電話をした。出発の日まではあとわずかで、もうメールでやりとりしている時間はなかった。その時の電話の落ち着いた印象と、そのあとすぐにメールで送られてきた内容が、僕のリクエストに的確に応えられたものだった。

あいにくのところ彼自身もやはり欧米人の長いツアーの同行が入っていて、つきっきりのガイドはできないとのことだったが、信頼できるドライバーをよこしてくれた。そしてお互いが同じ場所を訪ねる日に一緒に食事をしよう、と約束をしたのがこの凱里だったのだ。

その時は、凱里名物の「酸湯魚《スアンタンユイ》」という淡水魚を使ったおいしい鍋をご馳走になった。そして、僕が現在作られている藍染めの布だけでなく古い布を探していると伝えると、すぐに知人のコレクターに電話をかけ、食べ終えるとその足で、コレクターのところに連れて行ってくれたのだ。

そんな出会いだったから、僕は彼を信用している。実際、中国の他のさまざまな土地でガイド兼コーディネーターとの出会いがあったが、彼以上に気立てのいいガイドを知らない。おまけに彼が僕に提示する日当は、他の誰よりも安いのだ。

凱里にはうれしいことに、見応えのある博物館がある。凱里民族博物館は黔東南苗族侗族自治州にあるのにふさわしく、ミャオ族やトン族の暮らしの生の道具や数多くの民族衣装が展示されている。町のメインストリートの一番奥にドンと建っているのがこれだから、初めて訪れた人は政府の建物だと思うかもしれない。

博物館を背にして南に延びる、この街のメインストリート韶山南路《シャオシャンナンル》の先に、大十字《ダーシーズー》という十字路が見える。この町の中心部だ。それを越えると次の十字路が小十字《シアオシーズー》。さらに南に行けばこの町の旧市街だ。

それだけ覚えておけば、この町のことはだいたい大丈夫。その意味でも、この町にきたらまず博物館へ行って、感覚を掴むのがいいかもしれない。

小十字から西へ営盤西路《インパンシール》という通りに入っていくと、じきに生活道具の問屋街に出る。ここはなかなか見応えがあって好きだ。調理器具や食器を扱う問屋が立ち並ぶエリアには、凱里の隣の雷山《レイシャン》県から運ばれてくる登り窯の焼きもの（これは、あとで詳しく触れる）もある。いつも産地まで足を運ぶが、問屋街の方が在庫も品数も安定しているので、買い付けは主にこちらで。

問屋街なので、十か二十ひとまとめで縛られているが、お店の人に言えば、ある程度少量でも売ってもらえる。もちろん、若干割高にはなるのだが。

そして、僕がこの町で最も多くの時間を費やすのは旧市街だ。小十字を南へ急な坂を登って行くと、旧市街のど真ん中の広場に突き当たる。ここを左に真っ直ぐ行けば西門街、右に行けば東門街となる。どちらも凱里の庶民の生活が詰まった濃厚な場所である。

西門街は、商人宿が多くステンレスや鉄を加工している道具屋や刃物屋、中医（漢方）の店などが立ち並ぶ。

以前は、西門街の奥に毎日青空市が立っていて、活気があってよかったのだが、数年前に凱里の政府が路上での販売をきつく取り締まるようになって、ここの青空市は消滅してしまった。町の景色ってこんな風に変わっていくんだなと感じた、僕にとっては象徴的な出来事でもあった。

一方の東門街は、暮らしの匂いがより濃く感じられる場所が多く残っていて、横道だらけで迷路のようだ。時折飛びだしてくるオート三輪には気をつけなければならないのだが、この町はオート三輪がよく似合う。道が狭いのと、石畳をガタガタと揺れながら走るその姿がとにかく可愛らしくて、つい写真を撮ってしまう。

民族衣装のパーツや衣裳そのもの、あるいはアクセサリーを売っているお店が並ぶ通りもある。化学染料を使ったド派手な現行の民族衣装の姿がそこにはある。

そして、この東門街には先に書いた二〇一四年に竹かごを輸入した時、メインで買い付けをさせてもらった竹

街角に並ぶ、服のお直し屋さん

細工の問屋街もある。店の人たちの顔ぶれも変わらず元気な姿を見ると安心する。

もちろん、この地域の暮らしがよくわかるような食材が並ぶ市場も、見応えたっぷりだ。

この町を、買い付けと関係なくフラフラ歩き回るのが好きなのは、一日の中でいろんな暮らしの光景が見られるからだ。

朝は朝食の屋台がやってきて湯気をモクモクあげ、ふざけながら学校へ向かう可愛らしい子どもたちの姿。昼間は布団屋も金物屋も忙しい。とうもろこしを干して酒を作っている酒屋もある。売れていても売れていなくても、市場では居眠りをしている売り子が必ずいる。

夜になれば軒先にテーブルと椅子を出して、商店の家族がごはんを食べている。幼稚園ぐらいの子どもたちが、近所の子ども同士で一緒になって夜遅くまで遊んでいるのも印象的で、いったい中国の子どもたちは何時に寝るのだろうか、といつも不思議に思う。

古い団地と高層マンションのコントラスト

それと、中国らしい夜の光景といえば、ネオン看板だ。日が暮れると、細い路地はいろんな色のネオンが瞬き、表情をガラリと変える。妖しげな光に包まれたその雰囲気もいい。

そして、この旧市街の中である意味一番面白いのが、小十字から続く目抜き通りの脇にある小道を登りきったところにある広場だ。ここでは、真昼間から博打ち、社交ダンス、ビリヤードなど、さまざまに過ごしている人たちに出会うことができる。

ある紳士は〝マイ鳥かご〟を持参して、それを木に吊るし、自慢の鳥の鳴き声を響かせている。博打打ちは外野の野次馬がうるさすぎて果たして集中できているのか。広場を囲むように青空床屋や食べ物の屋台も出店し、平日だろうが休日だろうが、とにかく賑やかだ。

そして夜になると、社交ダンスの熱気が最高潮に。ダンスホール（にしている場所）は、そう広くはないので、所狭しと着飾った中高年の男女が踊っている。食後、ほろ酔いでこれを見にくるのが、僕の密かな楽しみでもある。


そんな、僕にとって大切な町である凱里も、例に漏れず年々都市化してきている。町が拡大するだけではなく、町の中心部にある一九六〇～八〇年代頃に建てられた集合住宅も徐々に減ってきて、近代的で味気ない高層マンションに変わりつつある。

天秤棒をかついで野菜を売りにくる、民族衣装を着た少数民族の人々の姿を、いつまで見続けることができるだろうか。

こおろぎかご

こおろぎかごは貴州省の竹細工の中で、ちょっと趣を異にするものだ。竹細工屋の軒先には、必ずと言っていいほどこれがぶら下がっている。

こぶしぐらいのサイズで、竹ひごはかなり細いものを使っていて、力強いが繊細。独特なフォルムに、すぐ目が留まった。実用的でパワフルな男性的ともいえるかごが多い中にあって、これは女性的に感じられる作りだけれど、用途は完全に男性の道楽のためのもの。

貴州省では古くから、娯楽として闘鶏ならぬ闘鳥が盛んだ。鶏ではなく、鳥かごで飼う小鳥たちによる「bird fighting」。その鳥たちの餌であるこおろぎを入れるために、古くから使われているのが、このこおろぎかご。今以って現役の手仕事だ。

男が趣味にかける情熱は、どこの世界も同じ。キリがない。写真のこおろぎかごは古いものになるが、ご覧の通り竹がよい色、艶がある。貴州省の竹かごがどう経年変化をしていくのかがわかる見本品のようだ。ころりとした形もとても気持ちがよく、やわらかく作られた蓋が抜けるようになっていて、この触り心地も好きだ。

日本の暮らしではこれに何を入れようか、などと考える前についい買いたくなる。ずっと手の上で

CLASSICCS JEAN

転がしていたくなるような。そんな愛らしさがある。

ふと竹細工屋でこおろぎかごの下に目を向けると、焼きものでできたパイプの先っぽが売っていたことがあった。とても簡素な作りなのだが、このあたりの年配の男性がよくパイプをふかしているのを見る、あれだ。これをこおろぎかごと合わせて売っているあたり、男心がわかる店、ということなのだろうか。貴州省の男の嗜みが少しわかったような気になって、うれしくなる。


ところで貴州省の男たちの嗜みは闘鳥だけではない。貴州省の祭りに行くと、闘牛（水牛だが）、馬のレースなど、男たちが熱狂、絶叫する昔ながらの文化がある。

何年も前になるが、年に一度の大きな祭りで闘牛を見たことがあった。田んぼだった場所を即席の闘牛会場にしているもんだから、バランスの悪いあぜ道に何百人という人が集まって、それ自体ものすごい景色なのだが、牛たちが入場してくると、牛のほうがびっくりするぐらい大きな歓声に包まれた。牛同士がぶつかり合い、歓声はさらに高まる。

やがて負けを意識した牛が逃げ出す。観客たちは、あぜ道に立っているだけだから、当然避けなければ牛に正面からぶつかられて大事故になる。

男たちがあちこちにジャンプする。ドロドロのぬかるみに落っこちた人もいれば、うまく逃げられた人も。

実際に事故が起こることがあるそうだが、それでもこのやり方なのだから、おおらかと言う他ない。

テレビも携帯電話もなかった時代、年に一度のこの祭りを男たちはどれだけ楽しみにしていたことだろうか。闘牛についてはいろんな考えがあることは知っているが、貴州省の少数民族の歴史と文化の象徴ともいうべき闘牛を見ることができたのは、僕にとっては得難い経験になっている。

話をこおろぎに戻そう。鳥の食事だけにしておくのはもったいない。実は、これがうまいのだ。秋、稲穂が垂れ下がり、田んぼが黄金色に染まる頃、ベトナムの田舎なんかで食べるまるまると太ったこおろぎの唐揚げは、レモングラスの風味が効いて最高にうまい。

しかし、貴州省では虫食が盛んなのに、なぜかこおろぎは見かけない。食堂のメニューでは、一ページまるごと虫なのは当たり前で、驚くべきことにカメムシの仲間で打屁虫《ダーピーチョン》（名前が見事！）と呼ばれる虫だって食べてしまうほど。タンパク源であり漢方的効能のある食材として、あらゆる虫が食べられている。そんな貴州省で、こおろぎが食べられていないのだ。

人間が食べるより鳥の餌が優先なのか。なんだか不思議な気がするのだが。いつか誰かに聞いてみなくては。もしかすると、びっくりするような理由があるかもしれない。

松桃の前掛け

この数年、藍染めがメインのものではないが、よほど状態が悪いものでなければ見つけるたびに買っている布がある。

貴州省の松桃苗族《ソンタオ》自治県のミャオ族の手による前掛けやスカートだ。ここの人たちは刺繍の技術がすぐれていることでも知られていて、貴州省の少数民族博物館にも、それは見事な刺繍の民族衣装が収蔵されている。

買い付けの場では、古い刺繍布などいろいろな種類が見つかるのだが、僕が欲しいのは前掛けとスカート。これらを集中的に買い集めている。

どうしてかと言えば、ベースに使われる木綿（時に絹）に、とにかく飾り気のない美があるからだ。天然染めの色合い、そして素材の手触りがたまらない。

この布を初めて見たのは五年ぐらい前だったかと思う。目にした瞬間、思わず小躍りした。茶色か、あるいは黒、藍に染められた糸が三十三センチほどと、こちらでも比較的細幅で、時折別の色の糸を混ぜた細かい縞模様の織りになっている。手紡ぎ手織りの布の手触りと、その素朴ながら柔らかい色の美しさは、これを「日本の古布だ」と言ったら、ほとんどの人が信じるのではないかと思うほど繊細だ。この茶と黒（または藍）の細幅布を交互に縫い合わせてスカートや前掛けに仕立てていて、裾の部分には花のモチーフの刺繍を施しているものも多い。

絹のものは数自体少ないのだが、時折混じっていることがある。普段使いの布としての絹の力強さはありながらも、やはり絹らしい滑らかな肌触りにうっとりする。なんと贅沢なことに、絹をスカートや前掛けの裏面の一部にだけ使っていたりもする。果たしてどう使いわけているのだろうか。綿のほうは、やや太い糸でしっかりとした生地だ。使い込まれてくったりしたものは、やはり手触りも滑らかで、日々の家事や作業を想像して胸が熱くなる。

同じ染料で二つの素材を染めているので、その違いも比較すると面白い。糸が細くシャイニーな表情の絹と、しっかりとした木綿。当然ながら見た目の色にも微妙な違いが出てくる。

ものによっては、たまにツギハギされたものもあって、本当に日本の「ボロ」のようだ。僕は、とにかくものを大切に使う文化には胸を打たれる。

ミャオ族のお母さんたち、ありがとう。すばらしいよ。

ちなみに松桃苗族自治県で、この布を使って暮らしている人たちは、昔は山のほうでケシの栽培をしていたそうで、政府も手を焼いた少々荒っぽいエリアなのだという。「拳銃を持っているから行かない方がいい」と、何度か言われたことがあるが、果たして本当なのだろうか。

家で中国茶を飲む時に、敷き布としてここの布をよく使う。お茶を飲みながら、ふとまだ見ぬ松桃のミャオ族の暮らしを想像する。

少数民族に分類されない民族

中国全土には、五十六の民族が暮らしている。漢民族を除けば五十五の少数民族ということになるが、ここに含まれない自称少数民族もいる。政府によるとミャオ族の一派だろう、ということになっているが、本人たちは独自の民族だということを主張しているのだという。それが革家《ゴォジャア》の人たちだ。ただ珍しい民族、というだけでは行ってみようとは思わないが、この民族は、ろうけつ染めのすぐれた民族衣装を作ると聞いたので興味が湧いて、以前に一度訪れたことがあった。

二〇一九年、久々にその革家の人たちが暮らす麻塘《マータン》村を再訪することになった。凱里からバスで北に向かう。村の入り口まで行ける公共交通機関はないので、別の場所へ向かうバスに乗り、村に近い場所で下車する。今回もビリーに同行してもらっているが、いつも彼にはできるだけ公共交通機関を使うようにお願いしている。車をチャーターした方が楽なんだけど、のんびりと地元の人の速度で移動をして、歩いたりお喋りしたりしているほうが、僕は楽しい。

幹線道路から村へと続く一本道を二十分ばかり歩く。畑へ向かう村人らしき年輩の女性とすれ違う。村が見えてきたあたりで、大きなすももの木が数本並んでいた。畑の横だから、村の誰かの木なのかもしれないが、たわわに実った小さなすももを、ちょっと失敬してかじる。さほど甘くはない。

こんな時、ビリーは田舎育ちなので野山のいろんなことを教えてくれる。だから話していて飽きない。この日も茎の部分は元気な緑色なのに、葉っぱが白っぽく乾燥している不思議な植物を指差して、これを乾燥させて吸えば、大麻と同じような作用があるのだと教えてくれた。そうしてお喋りをしながらたどり着いた麻塘村は、以前よりもこぎれいになっていた。

新築の家の木材は、外側に見るからに安っぽい化学塗料が塗られている。古い家に比べると格段にショボい。残念に思えるが、ビリー曰くこれが今の主流。以前の黒っぽい塗料は天然由来で、今あえてそれをやろうとするとかなり高くつくのだそうだ。

「ただ、数十年経ってもこの安い塗料はよい表情にならないだろうね」とビリー。うーん、残念だ。古い家の黒々とした風合いは家を立派に見せる。そんな家々が集まる姿は、貴州省の田舎の美観のひとつだと思うのだけど。

日本の田舎にも似た風景

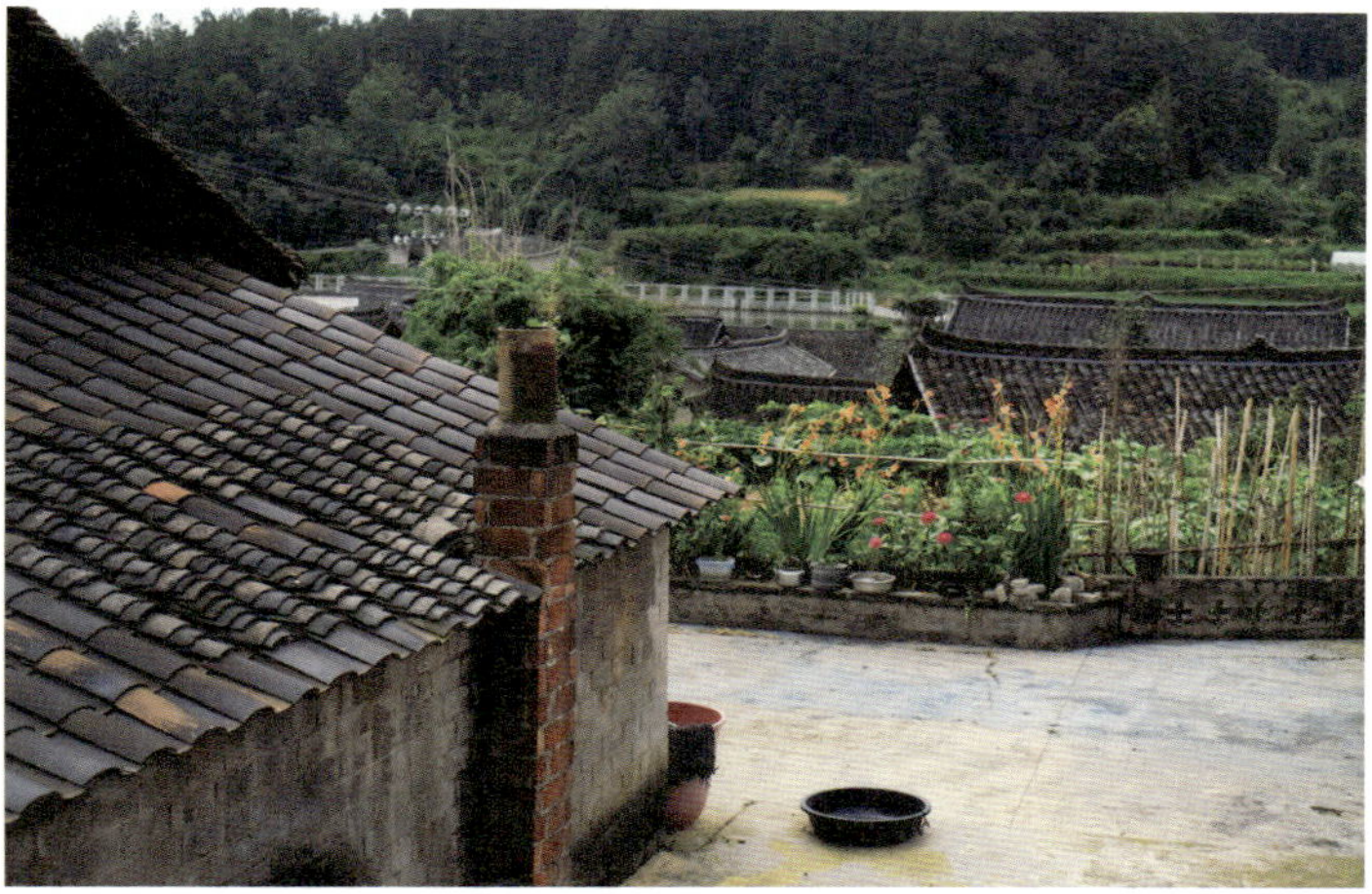

また、道ゆく革家の女性たちの民族衣装は独特だ。三角で裾がくるりとひっくり返った兜のような帽子を被る。多くの人は、先っぽにオレンジ色のリボンのような紐が付いていて目立つ。その帽子にも表面にはろうけつ染めの布が使われていて、細かく描かれたうずまき模様が印象的だ。今は全身民族衣装で日常を過ごしている人は見当たらず、その帽子と、ろうけつ染めを施した前掛けだけをしている人がほとんどだ。

村の入り口には、以前にはなかったろうけつ染め体験ができる場所(兼売店)もできていたが、僕は染めの作業や村の様子が見たくてきたのだから、村の中を歩く。

村は小さく路地は細い。坂を登りながら家々を覗いていく。家自体は新しくなっていたとしても、庭先には果物や花椒の木があり、軒先には生活の匂いがある。

ある家の前を通りがかると、軒先で女性が白い綿生地に模様を描く作業をしていた。下絵もないのに迷いなく描き進めていく。こちらをチラチラ見ながらも、その手が止まることはない。手が覚えているからね、と言わん

染めだけでなく組紐を作るのも女性の仕事

ばかり。

ここのろうけつ染めは、帽子に使われているような薄手の布に細かな模様を隙間なくみっちりと描くものと、厚手の布に太めの線で描く大胆なものとがある。ろうけつ染めとは、専用の筆に溶かしたろうをつけて布地に絵柄を描き、ろうが乾いたらその上から染めるという手法。

革家の女性たちが描くモチーフを見ていると、鳥や魚など、確かにミャオ族が作るものと似ているが、ミャオ族の人たちとは使っている道具が少し異なるようだ。

これまで見てきた中でも、村一番の腕を持つと言われる女性との出会いは印象的だった。前回の訪問時のこと。村の路地を歩いていると、正面から若い女性がごはんとおかずを載せた茶碗を片手に、かっこみながら歩いてきた。その日は天気もあまりよくなくて、伝統の帽子に前掛け、そして長靴姿。「ありのままだなぁ」と思ったその人は、目の前の家に入っていった。気になって覗いてみると、そこはろうけつ染めの作業場だった。聞けば、なんとこの女性が村一番の技術者だったのだ。

作業を見せてもらうと、他の職人に比べて筆がよく走っている。緻密に描かれた絵には躍動感があり、布全体がイキイキとしていた。彼女から、何枚かゆずってもらった。思いがけずいい商売になったであろう彼女の満面の笑みは、僕にとっても思い出深いものになっている。

この村は自分たちが珍しい民族であるということと、高いろうけつ染めの技術を持っているということを観光資源にしてお金を生み出す、自立した村だと言える。そのためか、若い人たちが村を出て行かずに残っている。こういう村は珍しくて、貴州省の田舎の多くの山村は二十代から四十代くらいの働き盛りの人が少なく、その親世代が孫と暮らしている場合が多い。子どもの親たちは、都会へ出稼ぎに行っているからだ。

二〇一六年に、中国政府がひとりっ子政策を緩和したのは記憶に新しいが、実はこれは、漢民族に対してのものであって、元来少数民族は二人以上の子どもを出産することが許されていた。僻地の村でも子どもが多いのには、そういう理由がある。

ビリーは一九七〇年代後半生まれだから、今とは少し状況が違うだろうが、ミャオ族の家に生まれ、長男で妹がいる。彼は幸運にも大学へ行き（その村で大学進学は珍しいことだったそう）、語学やツーリズムを学んでこうして今の仕事に就いているが、妹は早くに結婚をして、両親のいる田舎の村の近くに暮らしている。「妹家族のおかげで、俺はおいしい自家製焼酎が飲めるんだけどね」とビリーは笑いながら言う。

そんな彼にも二人の息子がいる。長男が生まれた数年前は、欧米から貴州省にやってくる旅行客が減ってしまい、英語ガイドである彼は転職を考えていた。彼にとって仕事は子どもたちを養うことであり、好きな仕事を続けたいという気持ちよりも、現実的にお金になるのはどちらか、ということなのだろう。すこし寂しい気持ちでそんな話を聞いたことがあった。幸いにも状況は持ち直して、彼は今もこうしてガイドを続けられている。

帰り道は、道端になっているヤマモモを食べつつ、そんなことを思い出していた。行きに食べた小振りなすももとは逆に、大ぶりなヤマモモは甘酸っぱい果肉がたっぷりで、手がベタベタになるほどたくさん食べてしまった。

布団皮

布団がどんな風に作られているか、ご存知だろうか。昔は町に布団屋があったなぁ、なんて人もいるかもしれないけれど、僕は知らなかった。

貴州省には、町のそこかしこに布団屋がある。遠く、新疆ウイグル自治区から運ばれてくる綿（中国では、新疆綿は綿の中で最上のものとされている）を使って、日がな一日敷き布団作りをしている。ピンと張ったヒモをリズミカルに跳ねさせる布団作りの作業に出くわすと、ついつい足を止めて見てしまう。他の土地では見ることがないから、この土地の名物だと個人的には思っている。数多くの工程を経てできあがる布団を見て、思わず「なるほどなぁ」と、納得するのだ。

布団は「打ち直しをする」という言い方をするが、「打つ」ように綿を詰めていく。そうしてできあがった布団は、カバーをしなければ使うことができない。

かつて、この布団皮（布団カバー）は、藍のろうけつ染めでできたすばらしいものだった。ミャオ族や水《スイ》族には、布団皮をろうけつ染めで作る文化があったのだ。まえがきにも書いた通り、僕の貴州省の少数民族の工芸への入り口はここからだった。

古いものは、手紡ぎされた太めの綿糸を手織りして作った生地で、しっかりと厚みがある。この生地が広幅ではないので、三つか四つをつなげた状態でカバーに仕上げる。そのため、一幅ずつ型紙を用意して染めるのだ。それぞれがバラバラの柄で、つなげると一枚絵のようになるものもあるし、同じパターンの型紙をすべての生地に使って連続柄のようにするものもある。

僕が特に好きなのは、点や短い線で模様が構成されていて、かつ一枚絵のようになっている布だ。これは、特定のモチーフ（花や蝶や魚や龍）が描かれていても、それほど強い印象にならない。モチーフよりも全体の印象が残るところがよい。

畳んであった古い布団皮を見つけて広げて、その柄と向き合うと、大きなキャンバスに描かれた絵のようだ。ベースである生地の藍染めの色落ち感や、ところどころに繕いのある表情など、家族の時間がそこに投影されていて、絵なのに経年変化がある。それも、新品よりも遥かに美しさが増している絵。そんな風に思えてくる。そして生地自体も、使い込むうちに徐々に薄くやわらかくなっていったのだろう。すっかりすべすべになっていて、

大胆なモチーフも小紋柄もそれぞれに味わいがある

その手触りもいい。

絵を描くための型紙には、かつては水牛の革が使われていたという。水牛は農作業における家族の重要なパートナーだから、おそらく役目を終えた水牛の革を有効活用していたのだと思われる。たったひとつの布から、生活の姿が浮かび上がってくる。工芸は人間の手の力によるところが大きいが、本来それがより大きな環境の力を借りてなされていることを、まじまじと感じるのだ。

ところで、この布団皮の古いものは、一般の人たちの日常のものだったから、未だに結構な数が見つかる。その状態はさまざまで、よくもこんなにボロボロのものが残っていたな、と思うものや、どこに置いておいたらこんな臭いになるのか、というものもあって、相当に厳選しなければならない。そして毎度この選別は、くしゃみも鼻水も止まらない壮絶な作業だ。

貴州省への渡航も増え、さまざまな布を見ていくと、ろうけつ染めとはちょっと違う表情や色の型染めが見つかることがあった。気になって調べていくと、貴州省には蜜蝋を使うろうけつ染め以外にも、多様な染めがあることがわかった。

僕が買い付けでよく目にするのは、スイ族の豆乳を石灰と混ぜて糊状にしたものを使う豆乳染めや、プイ族、瑶《ヤオ》族の楓の樹脂と牛の油脂を使った楓香《ふうこう》染めだ。それぞれがいかにも身近な素材を使って工夫して作られてきたものだと知って、余計に愛おしさが増してきたのだった。

まだ実際にそれらの染めをしている地域があるとも聞く。せっかくなので、いつか日本の染色工芸家を誘って訪ねられたらいいなと思っている。

貴州の酒

日本にいたって夕方になると、今晩は何を飲もうかと考えるほどの酒好きだから、中国に買い付けに出ていてもそれは同じだ。貴州省は酒の種類も豊富なので、買い付けがうまくいった夜は浮かれてついつい飲んでしまう。

中国の酒といえば「紹興酒《シャオシンジゥ》」と誰もが思うだろうが、この酒は中国全土でいえば、むしろマイナーだ。というのも、この手の醸造酒は中国では「黄酒《ホアンジゥ》」というジャンルになるのだが、そもそも黄酒自体が全国的にはそんなに飲まれていない。

では、全国的にポピュラーな酒といえば何か。それは「白酒」である。日本でいう焼酎のような蒸留酒。高粱《ガオリャン》という穀物をベースにしたものが多いが、とうもろこしや米、じゃがいもなど、さまざまな原料が使われる。

そして、中国を代表する貴州省の酒と言えば「茅台酒《マオタイジゥ》」だ。これは高級白酒で、全国どこに行っても酒屋に箱入りの茅台酒が置かれているほど知れ渡っている。産地は、貴州省の西部、仁懐《レンホアイ》市茅台鎮だ。

かつてバブルの頃は〝国賓酒〟と言われていたので、白いボトルに赤い文字のラベルがいかにも中国という感じのこの酒を、中国出張の土産に持ち帰った人も多いのではないだろうか。

ところが、国民的な酒と言えども、ちょっと酒に詳しい人なら皆口を揃えて「中国の白酒はヤバい」と言う。この〝ヤバい〟とは、二日酔いするという意味合いだ。茅台酒に限らず白酒は、アルコール度数が五十度を超えるものが多いので、本来小さな杯でちょこちょこと楽しむものなのだが、宴席で中国式の乾杯（一気に飲み干す）を繰り返してしまうと、確かに次の日が辛い。僕自身も、かつて商社で勤めていた時に、中国で受けた接待で壮絶に酔い潰れ、次の日がまったく使い物にならなかった苦々しい思い出もある。

だがしかし、そんな飲み方をしてしまった人たちの印象だけでこの酒を拒絶してしまうのは、ちょっともったいない。なぜなら白酒は、本来うまいのだ。

この国では、蒸留酒を何かで割って飲む文化がない。生でそのまま飲む。それに習ってじっくりと白酒に向き

鍋料理には酒。みんなよく飲む

合うと、じわじわとこの酒のよさが見えてくる。度数が高いので、喉にカーッとくる焼酎の旨味もあるし、力強いから油の料理や濃い味の中華料理にはとてもよく合う。その上、シンプルな料理にも邪魔にならずに寄り添う、懐の深さを持っている。

僕は白酒の炭酸割り（白酒ハイボール的な）が、アルコール度数を落としつつ料理との相性がよいので一番気に入っている。ただし、貴州省の田舎などはまだまだ炭酸水という文化がないので、見つからない場合はそのまま生で、ゆっくりと飲む。

そんな貴州省の顔とも言える茅台酒だが、近年、その存在を脅かすお酒が現れた。「習酒《シージゥ》」という酒だ。茅台のご近所の習水《シーシュイ》という町で作られているのだが、習近平が国家首席になったものだから、その名前にあやかって、あれよあれよといきなり全国区の酒になってしまった。

この話はなんとも中国らしい。確かに他の省に行っても、町のグローサリーには、茅台酒を差し置いて習酒が

こんな焼き物の杯が出てくるとうれしくなる

置かれていることが増えた。国賓酒である茅台酒に比べて値段も安いし、原料は同様のものなので味も近く、人気が出るのも理解できる。

では、少数民族の村々でもみんなが茅台酒や習酒を飲んでいるのかというと、実はそうでもない。貴州省の少数民族地域では、家で自家用に白酒を作るのが未だに一般的なのだ。家の台所に簡単な専用の蒸留設備があって、土地で獲れた穀物を使って作る。これが最も小さな酒作りの単位。もうちょっと大きな単位になると、村の人や町の人に売るために作る人たちが出てくる。大きな陶器の甕《かめ》に自家製の焼酎を貯めて量り売りしている。

そんなところには、昔の日本のように通い徳利を持って（今はプラスチックの容器だけど）、酒飲みが酒を買いにくる。僕自身も土産用に、こんな酒屋で貴州省の白酒を買って帰ることが多い。馴染みになった店では、毎度素材や蒸留法の違う酒を味見させてもらう。香りや味がそれぞれ違うから、試飲しているだけでもう幸せだ。

日本の泡盛と同じように、古酒は高い。五年・十年・十五年・二十年と、年数に比例して値段は跳ね上がるが、違いは一目瞭然、いや一口瞭然。ただし、古ければ絶対に旨いというわけでもなくて、自分の好みの年数があったりするので、これまた面白い。

そんな土地柄だから、貴州省の田舎の飲食店には黄酒（紹興酒）が置かれていないことの方が多い。しかし、ある日「黄酒は？」と聞いてみたら「あるよ！」と言われた。僕はてっきり貴州省は蒸留酒文化だと思っていたのだが、醸造酒もあったのだった。

この糯米（もち米）が原料の醸造酒は、トン族もミャオ族も作る伝統的なものだというが、どちらかというとトン族のものの方が知られ、広く流通しているようだ。少し甘めだが、料理にもよく合う。お祭りでは、口の長いユニークな形をした酒器からその酒が注がれる伝統の文化もある。

そこで出してもらった糯米酒は白濁していたが、ある別の店ではその酒の隣に、褐色の酒を見つけたこともあった。聞いてみると同じ糯米酒ではあるが、黒糯米を使っているという。やはり白いものと同じように甘みとコクがあって旨い酒だった。


ちなみに、中国では酒をちゃんぽんするという文化はないようだ。ビールならビール。白酒なら白酒と、最初から最後までそれで通す。友人ビリーには、僕がビールを飲んでから他の酒を飲むのが、最初は理解できなかったようだ。

ある時ビリーと鍋を食べようとしていたら、珍しく彼が「これは絶対に強い酒じゃなきゃダメだ」と言った。ミャオ族の彼に限らず、鍋を食べる時（貴州省は鍋料理の種類がとても豊富で、季節を問わずよく鍋を食べる）だけは、茅台酒のような強い蒸留酒を飲むのがお決まりなのだそうだ。それ以来、鍋には蒸留酒と僕も心に決めている。

繰り返しになるけれど、買い付けがうまくいった夜は、気持ちよく酔える。うれしくなって飲みすぎて、田舎で星空を見上げながらフラフラと宿に歩いて帰る夜の気持ちよさが、また次の買い付けへの原動力かもしれない。

おぶいひもとよだれかけ

自分に子どもが生まれてから、買い付けの時にはそれまで以上に、子ども服や子どもにまつわる道具が目につくようになった。

子どもが大切にされるのは、世界中どこであっても同じだろう。貴州省やその周辺に暮らす少数民族は、大人も子どもも総じて背が低い。特にミャオ族は古くから山に暮らしているぶん、食糧に乏しく栄養状態が悪いため、平地の民族よりも背が低いのだと言われている。

そんな土地だから、生まれた子どもが無事に育つというのは、かつては当たり前のことではなかった。だからこそ、子どもの成長を切に願う母心は、さまざまな形になって残っている。

そうした思いが込められた織りや刺繍が美しい子ども服は、飾りやすい大きさだということもあって、僕もよく買い付ける。ボロボロになってもつぎはぎをされて、着古された子ども服の逞しい美はたまらない。

少数民族の母親たちが子どものために作るのは、服だけではない。靴、帽子、おぶいひも、よだれかけ、かつては子どもにまつわる一切のものが手作りされていた。ミャオ族だけでなく、刺繍のを得意とするトン族や、その他の少数民族にも、子どものためのすばらしい手仕事がたくさん見られるのだが、これらが現代でも作られているのかと言えば、そうではない。

町や市場に行けば、既製品の洋服が山ほどある。今の若い世代の夫婦は民族衣装も着ておらず、衣装における民族のアイデンティティはどんどん薄れてきている。

子どものための道具の中で、どの民族であるかに関わらず、僕が積極的に買い付けているのは、おぶいひもとよだれかけだ。

おぶいひもは、藍染めのろうけつ染めだったり、刺繍だったり、母親が赤ちゃんのためにこれでもか、とすばらしいものを作ってきた歴史がある。

たまに隙間がないほど刺繍で埋め尽くされたおぶいひもを見つけることがあるのだが、これは昔の言い伝えでは、布の隙間から悪いものが入るとされていたからだという。ひと針ひと針、子どものことを思いながら刺繍をしていたお母さんたちの時間を考えると、もう言葉にならない。

トン族の井戸端会議

ただ、こうしたおぶいひもの完全なものは資料としてはすばらしいのだが、大きいし、形が形なので飾りにくい。だから僕は、ちょっとダメージが大きくて、もう部分部分になってしまっているようなものを探す。大きな背面。結ぶ紐だけ。アップリケみたいな部分……というように。

小さいものでも、部分だけでも、その刺繍には十分に力がある。ほんの小さな刺繍片が暮らしの傍にあるだけで、少数民族の人たちが家族を大事に思う気持ちを、ほんの少しわけてもらえるような気がするのだ。

中国の都会では、最近日本でもよく見かけるような抱っこ紐が主流になっているが、貴州省の田舎は、まだまだおぶいひもを使っている。それらも町のおぶいひもの専門店で作られる既製品で、機械刺繍ではあるが、願いを込めた刺繍が全面に施されているのは、昔のものと変わらない。山の村では上り下りが多いから、抱っこよりもおんぶの方が安全だし楽なのかな、などと勝手に想像している。

刺繍は、女性なら皆、身につける技術

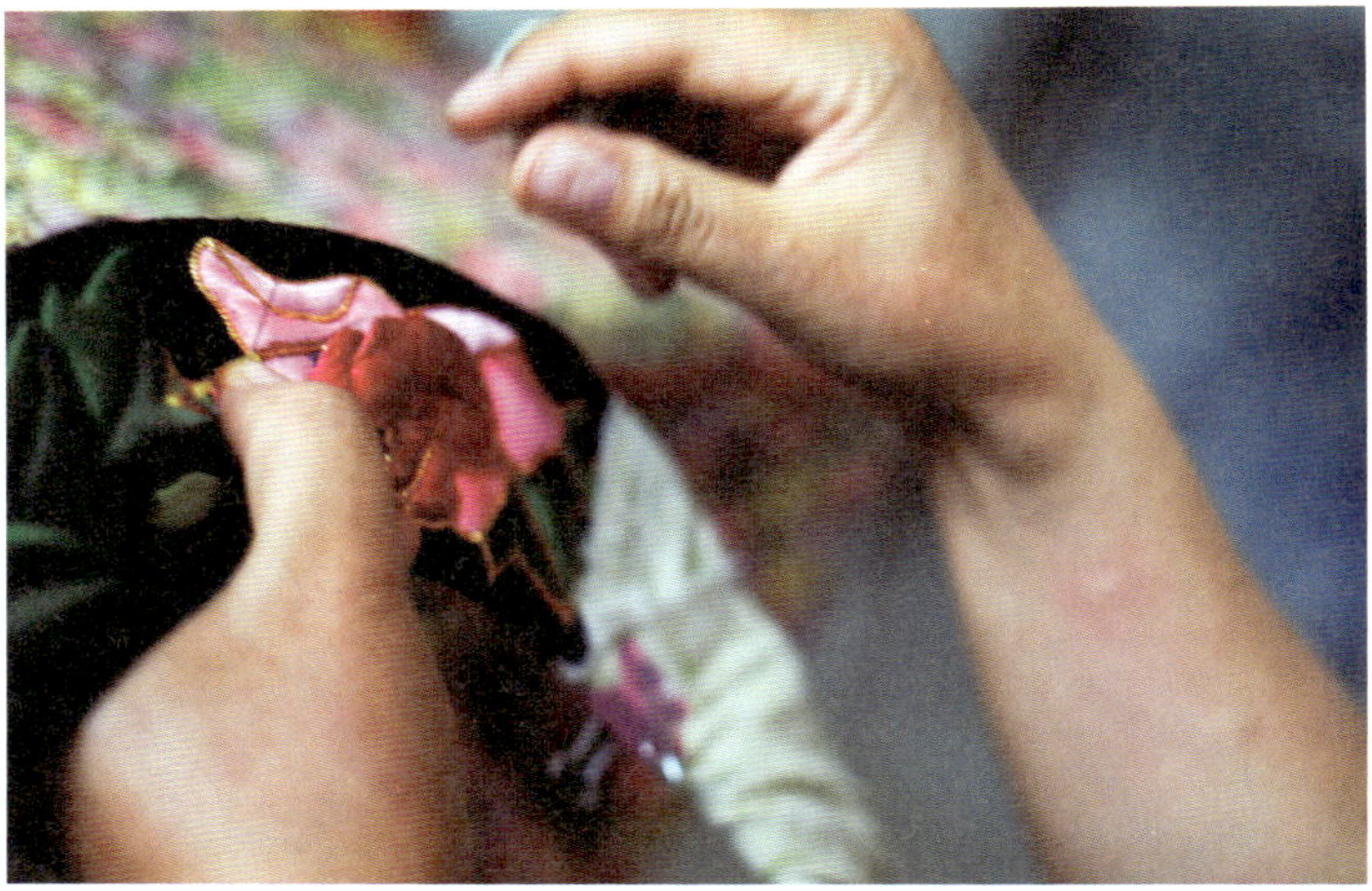

一方、よだれかけには、そこまでの思いの強さや刺繍の緊張感みたいなものがなく、どちらかといえば母親たちがリラックスして作ったような〝ゆるい〟感じがある。

表は刺繍で飾られているが、裏はあり合わせの布で作ったようなものもあって、その気取りのない感じも好きだ。刺繍のモチーフは、おぶいひもや服などと同じような花や鳥、龍などだが、子どものためのものだからか、どこか可愛らしく描かれている。

よだれかけは、壁に飾ってもいいし、花瓶の下に敷いてもいい。厚手のものなら簡単な鍋敷きのようにも使えるし、中国茶の茶席に見立ててもいいと思う。

少数民族の社会では、かつては刺繍の上手い下手が、よい嫁であるかどうかの大切な基準だったから、母親は娘に一生懸命教えたのだという。刺繍の見本帖のようなものも時折見かけるし、針と糸を入れておくケースも自分たちで刺繍をしたもので作っていた。これもまたすばらしくて……なんて言っていると、もうキリがないな。

紙すき

中国は、どこの町へ行っても書の道具屋さんがある。ずらり並ぶ筆や墨を見ただけでも、はるかに長い歴史を持つこの国の書や、水墨画に代表される絵の文化の深みに圧倒される。

そんな道具屋さんのほとんどの面積を占めているのが〝紙〟だ。日本で書道の紙といえば、細長くて真っ白な、いわゆる半紙というやつだが、それとは比べものにならないほど紙のバリエーションがすごい。

そして、未だに町ごとにこんな店があるのだから、使われる紙の量も膨大なのだろう。そして、その多くの紙が手漉きのもので、産地もいろいろある。メジャーなのは、道教の創始者である老子と荘子の故郷としても知られる、華東地方の安徽省《アンホイ》のものだ。

自分好みの無漂白でちょっと厚手のものを探していくと、だいたい中国北西部の黄河上流に位置する甘粛省《ガンスウ》のものや貴州省のものに出合う。そう、全国的には一大産地とは言わないのだろうが、貴州省にも紙すきの産地があるのだ。

その村とは、凱里からろうけつ染めの産地、丹寨《ダンジャイ》に向かう途中にある石橋村《シーチャオ》。数年前に村の入り口や路地が随分ときれいにされてしまったのだが、村の中は昔のままこじんまりとしている。

ここの紙は近年、中国の古い書物や文書の修復・保存に使われているそうで、それ用の紙は本当に薄くて軽い。確かにそれ自体はすごい技術なのだが、一般的にはものを書くための紙にも包み紙にもならないので、買い付けには向いていない。それに値段もとびきり高いのだ。店主に「まずはこれを買え」とばかりにギラギラとした目でアピールされると、ちょっと気持ちが引いてしまう。中国商人はたくましいから、猛烈な押しの一手。

一方、僕が好きな無漂白の厚手の紙は、ちょっとちぎって一筆箋みたいにしたり、茶葉を包んだり、簡単な贈りものの包装に使ったり。便利がいい。

石橋村の紙すきは、以前に比べ活気が出てきた。この変化は、村自体が観光地として少しずつ有名になり、お客さんもどんどん増えていることを物語っているのだろう。若い職人も多いし、売店も含めてやる気に満ちてい

紙の原料屋さん

る。紙すき体験なども盛んなようだ。

観光客向けに花や草を混ぜ込んだり、カラフルな紙が店頭の面積を増やしているのは残念だが、書や絵の文化がある限り、地味な紙がなくならないのは心強い。日本の紙すきの産地の実情から考えれば、なんともうらやましい状況だ。

とはいえ、僕と同世代の中国の友人に書や絵を嗜む人はいないので、果たしてこの文化もいつまで続くだろうか。

村の中でも何軒もの家で紙すきの作業を見ることができるが、村からちょっと外れたところに、昔からやっているという洞窟の中の紙すき場がある。車道に車を停めて、歩いて坂道を降りて行くと、日差しが遮られた洞窟の手前あたりから、空気がひんやりとしてくる。洞窟の奥から湧き水が流れ込み、その傍らでその水を使って紙すき作業をしている光景はいいもんだ。

それを見て、ふと日本の良質な紙の産地である越前を訪れた時のことを思い出した。紙すきの集落は水路の水も清らかで、それはそれはよい景色だった。いいものが生まれる場所とは、訪れただけでそんな予感がするものだ。

民族衣装市場

北京には、潘家園旧貨市場《パンジャアユエン》という有名な骨董市場がある。土日が最も賑やかだが、平日も毎日やっている巨大マーケット。この潘家園と、その周辺の骨董ビル街を含めた物量は、間違いなく中国で一番と言えるだろう。

ここには全土からあらゆるものが集まってくる。日本の二十五倍以上の面積と中国四千年の歴史、なんてイメージを感じさせるのには十分な規模感で、たった数日ではすべてを見きれる気がしない。軽い絶望感に襲われるほどだ。

そんな場所だから、当然、貴州省から運ばれてくる民族衣装やそれに関連したものを扱う店もいくつかあるのだが、そのほとんどが土産物というか、〝それ風のもの〟なのである。古い布を扱う先達たちは、昔はここで貴州省のものを仕入れていたと言うが、ここのところはもう出向きもしないそうだ。かつては今のように貴州省の奥地まで自由には行けなかったのだから、そうやって仕入れるのが普通だったのだろうし、よいものもたくさん届いていたのだろう。

僕は貴州省の奥地まで行って、足でもの探しをしているが、そこですらほとんど見つからないのだ、そりゃ北京にまで届くわけがないなと、ひとり妙に納得している。

実は、貴州省にも民族衣装市場が立つ場所がある。北京からしたら笑ってしまうぐらいの規模ではあるが、まとまってものが見られる場は他にはないので、その意味では貴重な場所だ。

しかし残念なことに、ここも年々と状況は悪くなってきている。ものがなくなりつつある中、どうやって商売しているのかというと、そこが中国商人たちの逞しいところで、以前は売れなかった小さなパーツを組み合わせてオリジナルにはない民族衣装を作ってみたり、後染めをしてみたり、古く見せる加工をしてみたり。あらゆる手を尽くしてやっている。

こうした〝加工品〟が、貴州省の民族衣装市場にも、そして北京にも並ぶ〝それ風のもの〟だ。市場で、「これ古いの？」と聞けば、「古い！」と即答するのだが、生地、染め、状態などを総合すると、どう見ても古くはない、なんてものがたくさんある。「古いものを参考にして作った今のものだよ」と言ってくれればいいのに、そうじゃないから始末が悪い。

先の北京の市場でのこと。数少ない本当の古いものを手にとって、「これはミャオ族の◯◯あたりのものだね」とこちらが言えば、売り子のミャオ族の女性は目を丸くして、「なんで日本人のあんたに、そんなことがわかるの!?」と本当にびっくりされた。

そりゃそうです。本場貴州省で経験を積んでいるのだから。もしかすると、貴州省の民族衣装市場であなたの親戚なんかとやりあってるかもしれませんよ、ワタクシ。

値段を問えば、今度はこちらが目を丸くする。軽く現地の数倍の値段になっていた。

貴州省ではいいものがないとわかっていても、もしやの気持ちで毎度その民族衣装市場に足を運ぶ。ここ最近では、ベトナムのモン族のものを向こうから買い付けて売っている人すら現れた。僕が知る限りでは、逆にベトナムの北部、サパあたりの市場では中国製の新しい民族衣装やそれに使うパーツなどが売られるようになっている。

不思議なもんでしょう。道路や物流の発達って、いったい何なのだろうかと、思わず考え込んでしまう。

その民族衣装市場で良品に巡り合えなかった時、ささくれた心を癒してくれるのは、市場が立つ日に朝早くからやってくる食べものの屋台だ。つきたての餅に甘いきな粉をまぶしたおやつや、木のおひつからモクモクと湯気が上がるおこわ。やさしい味に少しばかり気持ちが癒されるのだ。

雷山の焼きもの

中国最貧の省だからなのか、確かに貴州省は交通網の整備など、他の地域に比べて遅れている部分もある。しかし、そのことが幸いしているんじゃないかと感じる時がある。貴州省の焼きものもそのひとつだ。

その焼きものとの出合いは、二〇一三年、初めての貴州省の旅でふらりと入った食堂だった。取り鉢、丼、茶（酒）杯。他のものは、真っ白の工業的な量産食器なのだが、これらだけが独特の雰囲気のものだった。

飴色（茶色）一色で厚みがあって、ぼってりとしていて野暮ったい。おやおや、僕が好きな感じだぞ。いかにも庶民的な日常のうつわ。使い込まれて縁がところどころ欠けている。

よくよく見てみると、形はやけに統一感があった。色や釉薬の掛かり方には個性があるのに、形はピシッと整っている。

なるほど、これは型物だ。ろくろを回して手で成型したものではない。中心部に釉薬が掛からないような掛け方をしているものもあって、その中心部は土の質感そのまま、灰色寄りの土色で、日々使われているから油やなんかが染みて、それがまた表情になっているのもよい。

食べることもそっちのけで、ついつい目の前のうつわのことを考えてしまった。土はどこから取ってきて、どんな人たちがどんな窯で作っているのだろうか。

その後も旅の途中、貴州省の東側や南側の食堂では、いくつもの店でこのうつわに出合った。

出合うたびにうーんうーんと唸っていたら、それを見ていたからか、その時のドライバーのタンさんが「焼きものの集落があるけど寄っていくか」と僕に聞いた。「もちろん！」、行かない理由はないでしょう。

着いたよ、と言われた場所は町外れの街道沿いで、住宅が道の両脇に並んでいた。

「あれ？　あれ？」と、キョロキョロしていたら、なんと街道沿いに登り窯があった。排気ガスの黒煙をあげてトラックが走るその横に、登り窯が。もちろん窯には簡素だが雨避けのトタン屋根があるので、丸出しになっている訳ではない。

車から降りて窯を覗いていたら、そこにいたおじさん

窯場では、女性もよく働く

が、薄暗い倉庫のような場所に通してくれた。在庫置場だというそこには、食堂で見たようなうつわが置いてあった。

値段を聞いてびっくり。安すぎる。

そりゃ地元の食堂でガンガン使われているわけだ。その時は鍋の取り鉢のような、食堂で最もよく使われているサイズのものを二つ買わせてもらった。

実際に訪ねてみて、それまで不思議に思っていたあれこれに、合点がいった。このうつわの雰囲気のよさは、薪窯だからだ。型物らしく形はピシッと整っているのに、個々に薪の火の風合いがでているのだ。そして、独特の釉薬の掛け方をしているのは、登り窯の中でうつわ同士を重ねて焼くための工夫だった。

続いて近くの作業場を見せてもらうと、女性が半分屋外のような場所で、日本では鋳込《いこ》みと呼ばれる型物の作業をこなしている。テンポよく、石膏の型に泥を流して成型をする。これは手の技術力を必要とせず量産ができ

食堂にて。フチが欠けたってまだ使う

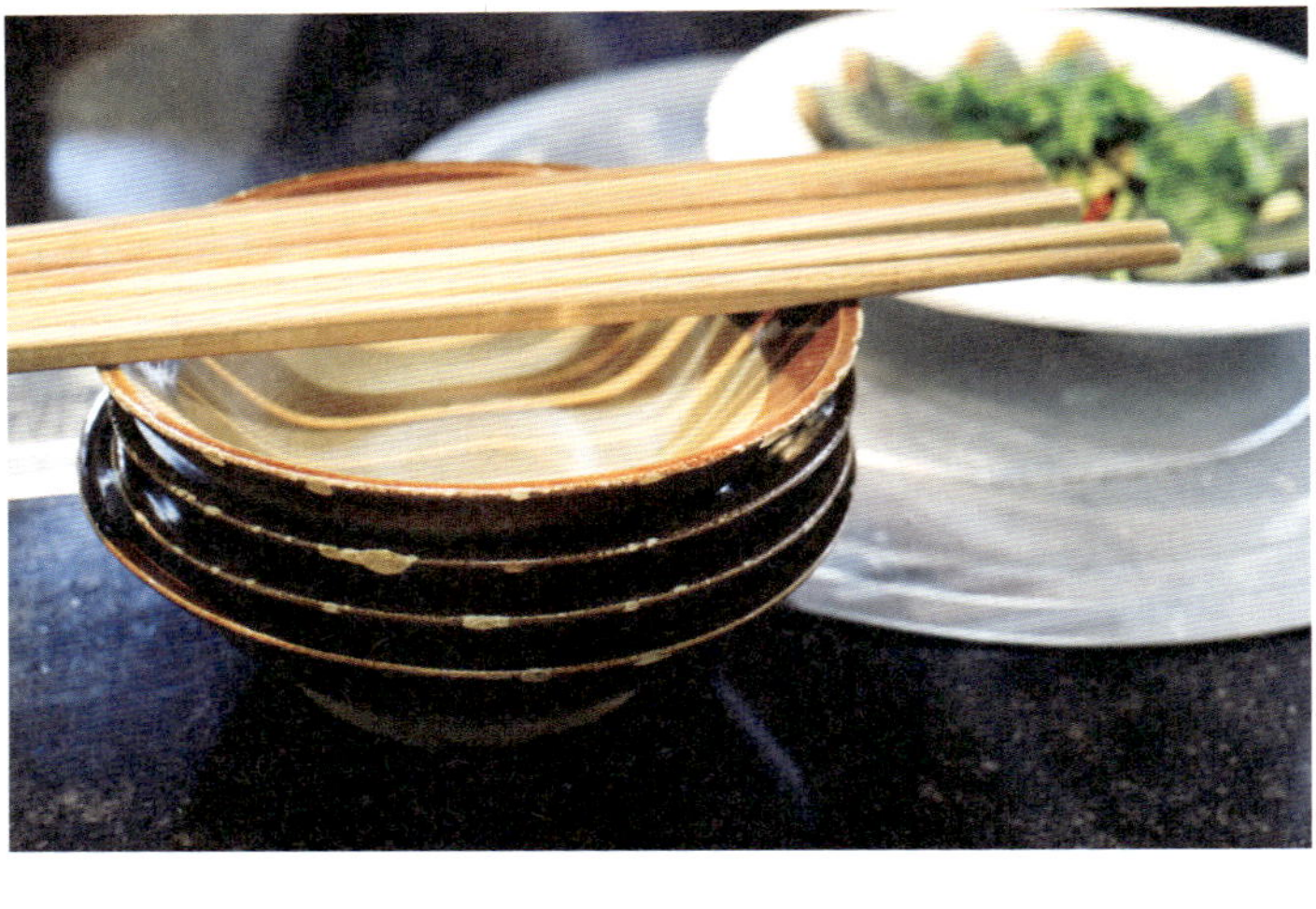

るやり方だ。

その横では、男性が地面にへばりつくような背の低いろくろで酒甕《さけがめ》を作っている。最初は長い木の棒を使ってろくろを回転させ、そこに足で力を加える。なるほど、ろくろの仕事もこういう形で存在しているのか。

あとから調べると、この窯場は黔東南苗族侗族自治州の雷山県という場所だということがわかった。初めての訪問では、時間がなくてわずか一時間ほどの滞在だったのだが、次に訪問した時に驚いた。雷山のバスターミナルから歩いて十分で行けるような、町のど真ん中にある窯だったのだ。だから、それ以来ここの窯場には時間を見つけては訪問している。もう訪問回数は十回に近いかもしれない。


最初に訪問した時に見せてもらった登り窯は二つだったが、実はその奥にまだまだ作業場や窯があって、そこそこの規模の産地だということがわかった。日本で言うなら小鹿田焼ぐらいの規模感だ。各工房の陶工の人数も家族単位だし、登り窯の数もトータルで六つかそこら。ただし、型物で量産に向いているので、生産量は雷山の窯場の方が上だろう。

土は近所の田んぼやらで取ってきた数種類のものをブレンドしているそうで、雑木中心の薪（解体した家屋の木材など）で窯焚きをしているという。釉薬は二種類。灰釉と飴釉。まったくもってシンプル。加飾はほぼない。たまに何かの模様や漢字を線彫りしたようなものも見られるが、無地が主体だ。

量産の形をとっていながら、ガス窯や灯油窯、電気窯などではなく、原始的な登り窯。そのことがどうにも不思議だったのだが、電気やガスが安定供給されるようになったのは、それほど昔のことじゃないというから、地元で手に入りやすい素材を使った薪の窯というのがこころしいやり方なのかもしれない。

もうひとつ驚いたのは、窯の中だ。ある時は、窯出しの様子を見ることができたのだが、部屋の中には、ものすごい量のうつわが詰められていた（千枚はくだらないと思われる）。

日本の登り窯だと、普通はそれぞれの部屋の内部に棚を組み、そこに焼きものを置いていく。だが、ここには棚がない。床からうつわをただ積み上げていく。小鉢が、ゆうに五十枚ほど重ねて窯詰めされていた。こんなうつわの積み方をするなら、そりゃ型物じゃなきゃありえない。手のろくろの仕事だったらそこまでサイズも形も整わないから、こんなに数を積めるわけがない。

そして、この時は積まれた下の方、つまり床に近い方は完全に焼き不足。温度が上がっておらず、釉薬が溶けていなかった。火の通りが悪く、きちんと火が当たらなかったのだろう。

そうかと思えば、端っこの方は火に負けたのか、重ねられたうつわが倒れてしまっている場所もある。ざっと見ただけで何百枚とロスが出ているような気がするが、陶工家族は「そんなの慣れてるからね」と言わんばかりに窯から出したうつわの中で焼き不足だったものを、ささっとはじいて検品していた。検品と言っても、非常に雑なもので、なんとなくチェックして二十枚ほどのうつわを紐で縛って終わり。これまたなんとも潔い。

おそらく、もともとは酒甕など大物ばかり作っていたが、食器のニーズが高まったことで、どこか別の産地からこの型のやり方が伝わってきたのではないだろうか。そして、男性はろくろ、女性や年配の陶工が型の仕事、といったように分業されていったのかもしれない。

今現在、担い手は二十代から六十代まで、といった感じでまだまだ産地としては元気があるように見える。

この地域は少数民族が多い地域だから、どの少数民族の人たちがこの焼きものを担っているのかも気になっていた。聞けば、なんとこの焼きものは漢民族の人たちが作っているのだという。それに長い歴史はなく、まだ数代なのだそうだ。

先日は初めて入った食堂で、黄色いキビのツブツブ入りのごはんが、お櫃のように雷山の大鉢の焼きものに入れられて出てきた。どの店でも、ごはん入れは、ステンレスやプラスチックのボウルであることがほとんどなので、そんな風にして出されたのは僕にとっても初めてのことだった。使い込まれた大鉢の表情は、欠けやシミがあろうが、新品よりもはるかに美しく感じられる。やっぱりこのうつわには力がある。

生きた手仕事、まだまだ貴州にあり。

酸っぱ辛くて香り高い料理

朝、熱々の蒸篭から蒸したての餃子を箸でつまみ、つけダレにくぐらせる。口にふくんだ途端に「ああ貴州だなぁ」と思う。

皮や具が変わっているからではない。タレが独特なのだ。貴州省の餃子のつけだれには、折耳根（ドクダミの根）と煳辣《フゥラ》（焦がし唐辛子）が入っているのがスタンダード。貴州省で多用される折耳根は、食べ慣れないとそのクセの強い香りにただただ驚く。香菜《シャンツァイ》（パクチー）がそうであるように、慣れてしまうと、それ抜きでは物足りなくなる、そんな不思議なハーブ。

貴州省の料理はハーブ感が強い。いろんな料理に、時に密かに、時にガツンと登場してくる。香菜、茴香《ホイシアン》（フェンネル）、折耳根、芹菜《チンツァイ》（セロリ）、蓼《リャオ》（タデ）、木姜子《ムゥジャンズー》、狗肉香《ゴウロウシアン》など。

中でも特徴的なのが、日本人には見慣れない香辛料、木姜子。これは山胡椒とも呼ばれる実で、フレッシュなものは胡椒に似ているが、レモングラスのような柑橘っぽい香りがする。貴州省では、その香りを移した木姜油（オイル）が売られているから、実が見当たらずとも、この香りがする料理が多い。

そして、狗肉香とは、ミントのこと。貴州省でよく食べられる狗（犬）肉との相性が抜群だから、

そう呼ばれている。ミントだけを辛いソースと合わせた和えものは、意外にも白米が進むのだ。

そんなハーブたっぷりの貴州料理だが、一番の特徴は〝酸辣〟と称される酸っぱ辛い味付けで、酸と辣それぞれにこの省らしい個性がある。

まず、酸っぱさのもとは酢ではない。塩が取れないこの地方では、いろんなものを発酵させて味付けに使ってきた。そのため発酵の酸味がベースになっている。

たとえば、町の食堂で出てくるスープといえば「酸湯《スアンタン》」を使ったシンプルなもの。これは米のとぎ汁を発酵させたもので、もやしやトマト、木姜子などと合わせてシンプルなスープにする。やさしい酸っぱさがなんとも体によさそうだ。

貴州省に通い始めたころは、その酸味の正体がさっぱりわからなかったのだが、ある日、市場で「酸湯」と書かれた紙を掲げて液体を売っている人に出くわした時、ビリーが詳しく教えてくれた。昔はどの家庭でも作っていたというが、今はこうして売っているものを買う人も多いそうだ。

また、「紅酸湯《ホンスアンタン》」という文字も食堂でよく見かける。「紅酸」とは、野生のトマトに生姜やニンニク、唐辛子などを合わせ発酵させた調味料で、スープと合わせた「紅酸湯」は、タイのトムヤムクンのような爽やかな酸味がある。このスープで魚や肉を煮込んで鍋にしたのが、凱里の町の名物「酸湯魚」だ。まさに〝酸辣〟な味わい。唐辛子の辛味もあるけれど、見た目の赤さの割に辛くはない。身のやわらかい淡水魚とトマトの旨味が、しっかりと味わえる。

僕は辛いものがそんなに得意ではないから、辛味について多くは語れないのだが、先に書いた焦がし唐辛子「煳辣」は、不思議なことに、辛いけれどダシのような旨味があって好きだ。以前、「四川の人は唐辛子で飯が食える、辛味の奥に旨味を感じることができるからだ」と聞いたことがある。僕はまだまだそんなレベルじゃないが、煳辣のおかげで、それがほんの少しだけわかった気がする。

また、肉厚な唐辛子を漬けものにした「泡椒《パオジャオ》」も、辛味がほどよく抜けて、旨味に加え果物のような爽やかさもあって、肉の炒めものにぴったりだ。

貴州省の唐辛子の世界は奥深く、ここで紹介したようなものは、まだ入り口の入り口。好きな人は、市場に行ったら唐辛子屋を覗いてみると面白いだろう。生、干し、発酵、それぞれがさらにいろんな種類に細分化されていて、僕には使いわけの想像すらつかない。

工芸と同じく、他の土地との文化の交流が遅れた土地だからこそ、これだけ個性豊かな郷土料理が残っているのだろう。貴州省以外の土地に住む中国の友人たちでも、貴州料理を知っている人などほとんどいないが、この独特な料理、日本人でも中国人でもハマる人が多いんじゃないかなと、僕は密かに確信している。

ミャオ族の刺し子おむつ

そこに文化的な交流の跡は見られないのに、時や場所を越えて類似する工芸と出合うことがある。人間のちっぽけな頭から生まれるものなのだから、そんな偶然いくらでもあるだろうと片付けてしまうには、あまりにも神秘的でもったいない。刺し子も、そんな工芸のひとつだ。

刺し子と聞けば、日本のものや、インド、パキスタンあたりのラリーキルトを思い浮かべる人も多いだろうが、ミャオ族にも古くから刺し子の文化がある。

貴州省のミャオ族の刺し子は、古い時代にお金を運ぶために使ったバッグのようなものだったり、男性がタバコを入れたり女性がちょっとしたものを入れたりするポシェットのようなものだったり、子どものおむつだったり……、どれも日本の刺し子同様に、補強の意味で施されている。

中でも僕が特に気に入っているのが、子どものおむつだ。これは貴州省台江《タイジャン》県の施洞《シードン》という地域のもの。日本でいう雑巾のような長方形サイズで、濃く藍染めされた手紡ぎ手織りのふかふかの厚手の綿布。そこに刺し子。

単純に、一定の方向に真っ直ぐ刺していく模様もあれば、外側からぐるぐると渦を巻くようなもの、ひし形や卍のような手の込んだものもある。模様の違いだけではなく、針目も几帳面に均等なものもあれば、間隔も長さもバラバラなものもあり、作った人の性格まで見えてくるようで面白い。使い込まれたものは、藍染めの色が薄くなっていて、そこに染み付いたものが何かさえ考えなければ、こんなにすばらしい布が他にあるものかと、ただただ感動して頬ずりしたくなる。実際にはしないけど。

このおむつを買い付け日本に持ち帰ると、よく洗い、しっかり日光消毒をして、中国茶を淹れる時の敷き布や、花瓶の敷き布として使っている。うちにやってきた人たちは、もちろん誰もそれをおむつだとは気づかず布を褒めてくれるので、最後に種明かしをする。

これは日本人だけでなく欧米人も好きなようで、人気があるから今ではよいものがなかなか見つからなくなってしまった。そんな状況だから、ここ数年は、これを新しく作る人たちが増えている。もちろん、本来の用途ではなく、売るためのものとして。精巧な刺繍に比べれば、これらを作るのなんてワケないのだろう、なかなか手が込んだものも出てきている。わざわざ古い布を使って刺し子をしたものなんかに出合うと、思わず「おおお！」と覗き込んでしまう。

ところがベースの古い布に対して、刺し子の糸があまりにも新しくてきれいなもんだから、最近のものだとすぐにわかってしまう。ツメが甘い。なんて僕は思ってしまうが、これが結構売れているみたいだ。

そして、売れるとオリジナルからかけ離れて、コースターサイズやちょっと大きめのランチョンマットみたいなものまで、形違いが続々と出てきた。日常の工夫から生まれた美しい工芸だけに、その技術が生き残るのはうれしいけれど、果たしてこの流れ、どこまでいくのやら。

そうそう、ここで中国のおむつ事情にも触れてみよう。昨今は貴州省でも、ほとんどの子どもが紙おむつを付けている。日本のドラッグストアでは、相変わらず中国の人が日本の紙おむつをまとめ買いしているのを見かけるけれど、貴州省の田舎では日本の紙おむつを見かけることはなく、中国のメーカーのものばかりだ。

僕がなんでおむつ事情に詳しいかと言えば、おむつが見えるのだ。透視じゃなくて。

中国伝統の〝股割れズボン〟をご存知だろうか。

乳幼児たちが履く、お股がパカっと割れたズボン。昔はその股割れズボンを履かせて、そこらでおしっこうんこをさせていたのだが、最近は紙おむつの上に股割れパンツを履いた子どもをよく見かけるようになった。

だから、股からのぞいたおむつから、メーカーがわかってしまう、というわけ。しかし、股割パンツを履く意味はどこにあるのだろうか。うちの坊やがまだおむつだからというのもあって、見かけるたびにこれが気になって仕方がない。

丹寨のろうけつ染め

貴州省の少数民族の藍染め布を集め始めた頃から、よく耳にする地名があった。それが、丹寨。僕が手に取るものの多くが、不思議とこの土地に暮らすミャオ族が作ったものだった。

それらの布は、文様がフリーハンドで描かれている。鳥や蝶は伸びやかに舞い、魚は軽やかに泳ぐ。型で作られたものとは違う、躍動感あふれる絵。これもやはり布団皮に使われていたものが多く、三枚、四枚とつながれた布いっぱいに所狭しといろんなモチーフが並ぶ。

それは、日本の江戸や明治の頃の筒描きの布の美しさに似ている、と言えばわかりやすいかもしれない。フリーハンドで大胆に描かれた吉祥紋。時代的にも似たようなものだ。

これがプロの仕事だったらまだわかるのだが、すべてをひとりの女性がただ家族のためにすることだと想像して布を見てみてほしい。絵を描くのは民族衣装や暮らしの布を作るたったひとつの工程にすぎない。糸を紡いで、織り上げて、絵を描いて、染めて、縫い合わせて……。すさまじい技術だ。もちろんめちゃくちゃ上手い絵ばかりではなくて、ヘタウマもあるのだが、それもまた味がある。だから、丹寨の古いろうけつ染めの布は、よいものさえあれば少々値がしても必ず手に入れている。僕にとっても思い入れのある布なのだ。

その丹寨という町は、僕がいつもベースにしている凱里の町と同じ貴州省黔東南苗族侗族自治州に位置していて、凱里からバスで一時間ほどと、アクセスがよい。

ある日、凱里の民族博物館の売店（今はどうやら運営者が変わったようで品物が一新されている）で、今のものらしき、しかし上手なろうけつ染めが売られていた。聞けば丹寨で作られているという。今作られているものでも、よいものが買えるかもしれない。胸弾むその情報だけで、とりあえず丹寨へ行ってみた。

バスターミナルにも民族衣装を着た人がいたから、幸先がいいや、と思っていたら、そう大きくはない市場にもミャオ族の衣装を着た人がたくさんいたし、ふらっと水を買いに入った店の若いお姉さんも民族衣装姿だった。うん、なんだかいい。

市場自体も、特別珍しいものが売られているわけではないのだが、そんな風に民族衣装の人たちがいたりするから景色がいい。市場の入口にある、お姉さんの呼び込みが気持ちのいい餅屋は、その時からの僕のお気に入りになり、毎回通るたびに餅をひとつ買い食いしている。餅を炭火であぶっている姿は、どこで見てもいいもんだ。一個三十円ほどでホッとするのだから、餅はエラい。

ろうけつ染めの工房は、いろんな人に聞き込みをした結果、場所がわかった。この町は凱里よりもずいぶん小さいから、それがよかったのかもしれない。

初めてその工房を訪れた時は、漢民族の、それも貴州省の外からきた女性経営者がやっていると聞いていて、変な風にプロデュースされた土産物的な安っぽい品を作っている場所だったらどうしようと心配になった。実際、凱里の博物館でも、そういった類のものが売られていたからだ。

しかし、工房を見学させてもらったら、それが杞憂にすぎなかったことがすぐにわかった。一階の大きな部屋には机が並び、二十人ほどの年齢もバラバラの女性たちが楽しそうに文様を描いていた。中には身体的にハンディキャップのある人たちもいて、誰もがマイペースに描いている。

整然としたものづくりの工場なんて雰囲気とはほど遠く、お喋りもあれば、誰かの子どもが走り回っていたりもする。そんなゆるさも持ち合わせた空間。

ベテランは七十歳に届きそうな人もいるし、若手は十代だ。年齢層が本当に幅広く、さまざまな人たちが職人としてろうけつ染めをしている。田舎から働きにきた人たちは、宿舎のような場所で集団生活をしていて、技術が上がれば田舎の村にいては手にすることのできない額のお金を得ることができるという。

フリーハンドで見事に描く人。ある程度下絵をする人。部分的に厚紙の型のようなものを使う人。やり方もさまざまだが、全員が伝統的な、半月状になった真鍮のペンのような道具に、溶かした蜜蝋を溜めてスラスラと描き上げる。

あるベテランの職人は、ただひたすら渦巻きのように円を描いていた。単純で簡単そうに見えるのだが、ペンのようには滑らかに筆が走らないこの道具で、下絵もなくこの円を書き続けられる感覚は、手先が、腕が覚えた熟練の技なのだろう。

あとで聞いてみたら、この渦巻きのような模様だけのものは、他の柄よりも高い値段がついているのだそう。納得であった。

模様に関して言えば、丹寨のミャオ族のろうけつ染めは、他の産地同様、ミャオ族伝統のモチーフをよく使う。たとえば、鳳凰、蝶、魚、虫（むかで）そして草花。水牛の角や銅鼓（伝統的な太鼓）、太陽などに代表される幾何紋を多用する模様も美しい。また、枠のように幾何紋だけを型で描き、その中に水牛の角の文様をフリーハンドで描いたりする合わせ技もある。

今は生地から作ることはせず、購入した生地を使うのが主流なので、伝統の細い幅もあれば、ずいぶん広い幅のものもある。そういう意味では、表現の幅が文字通り広がっているとも言える。

藍染めは、きちんと天然藍から染められている。貴州省には藍染めの原料になる植物が数種類あると言われるが、僕が回っている黔東南や黔南のエリアは琉球藍を使っているのが主流だ。村の中やその周辺のあちこちに琉球藍が植えられている。

夏になれば葉を摘んで、大きなポリタンクに入れる。泥藍を作って藍染めができるようにしているのだ。泥藍

ここで屈指の技術者という片腕の女性

はそれを作る専門の人もいて、田舎の曜日市に泥藍を持っていって売っている。

この工房でも、泥藍で染めているという。「藍のご機嫌を伺いながら染めていくんだ」という言葉に、ついうれしくなった。染め場に吊るされた、無数の布から垂れる藍のしずく。今日のご機嫌は上々なんだろうな。


二〇一九年の夏の訪問時は、作業場の黒板に詩のようなものが書かれていた。

「これは何?」と聞いたら、「貴州の人や風景の美しさを表した歌なんです」と。

すると、職人の女性たちみんなでこれを歌ってくれた。ミャオ族には文字を持たず、歌でいろんなことを次の世代に伝えてきた文化がある。だからだろうか、恥ずかしがらず当たり前のように歌ってくれた。貴州省の少数民族の歌は美しいものが多いが、これは格別に心に染みた。歌も、ろうけつ染めも、こんな場所から次の人たちにつながっていくのなら、これほどうれしいことはない。

染める前に生地の状態をチェック

貴州省　二〇二四年

ひどい頭痛と気持ち悪さで目が覚めた。こんな朝はいつぶりだろうか。

前夜、朋友ビリーと再会を祝して、凱里の町で我々が大好きなトン族の鍋料理店で飲んだ。序盤こそ穏やかだったが、鍋料理も美味いし会話も弾み、徐々に酒量が増えていった。店の自家製焼酎は雷山の焼き物の片口で供されるのだけど、何度おかわりしただろうか。小粒の落花生を揚げたものをつまみながら。

コロナ禍で英語ガイドの仕事がなくなったため、親戚のツテで深圳《シエンジエン》のマスク工場に単身住み込みで働きに行ったおよそ半年間は、人生で一番キツかったというビリーの話には、身につまされる思いがした。

それからお互いの子どもの成長の話、これからの人生、話題は尽きなかったが終盤は記憶がない。どうやってホテルに帰ったろうか。携帯を見返してもその時間の写真は一枚もなかった。

その時、電話が鳴った。ビリーからだった。

「おい忍、起きてるか？　だいぶ酔ってたぞ。飲ませすぎたな。ハハハ」

「あ、ああ、起きたよ。今から空港に向かうつもりだ。ありがとね。またね」

何でもない風を装って電話に出たつもりだが、喉もおかしいし、きっとまともに声が出ていなかったはずだ。そこまで酒が強くない彼は、おそらく後半は注ぎ役に徹していたのだろう。してやられたが、その瞬間は気持ちの良い酒だったのだから仕方がない。這うようにホテルをチェックアウトし、配車アプリで呼んだ車に乗り込み、空港まで三時間。ぐったりと眠り、目が覚めては水を飲んだ。この壮絶な二日酔いが四年ぶりの貴州旅のラストシーンだった。


二〇二四年五月初旬、旅の前半は日本から茶人・料理人・陶芸家ら友人たちがやってきて、貴州をともに旅することになっていた。彼らに先んじること半日、ひとり貴陽の空港に降り立った。

一番に向かった骨董屋街は、二〇一九年時点でも元気があったとは言い難かったが、もはや寒気すら感じるシャッター街となっていた。同じ年にこの旅の少し前に訪れた福建省でもたびたび耳にしたことだが、コロナ後の中国経済は本当に冷え込んでいるようだ。


本書に書いた布市場（P.273）が移転したことは、古布を扱う現地コレクターから聞いていた。移転先はコロナ禍にできた少数民族テーマパークのような場所で、そこを目にした時、「ああ、もうダメだ」と思ってしまった。

なにせ見に来ている人たちがほぼ観光客なので、観光客仕様の少数民族土産物屋の集まりになってしまっていたのだ。しかも、今まで奥まった通りでひっそりと古布を売っていた人たちが、急に表舞台に担ぎ出されたものだから、あの手この手で商品を増やしている。この逞しさには本当に恐れ入る。

さて、ここに登場したのが今中国で主流のライブコマースと、その配信者たちである。

手に三脚を持ち、その先に携帯をくっつけ、布市場に並んだ商品を説明しながら歩く。時には衣装を身につけ「こんな感じ」とポーズを取る。朝から夕方までずっと配信しているからか、店の人も慣れたもので「はいはいどうぞ」とばかりに軒先を貸したり、着るのを手伝ったりしている。

画面の向こうでそれが売れるとお店からその品を買い、購入者からマージンを取って品物を発送するのだ。この配信者たちは僕のように古い布を愛しているわけではない。ただ売れればいいだけだ。ものは減っていく上に質は下がる一方で、それを愛のない売り方で売る。こんな状況を目にすると、そこに居るのも辛くなる。

そんな中、馴染みの店のひとつは入り口に「配信者お断り」を掲げていた。これはありがたい。

配信者は若者が多いが、女性に限らない

また別の馴染みの店は、オーナー自らがライブ配信をしていた。これに関して、僕はまったく納得で、この女性オーナーは以前から僕や別の都市からやってくる中国人バイヤーたちを呼び止めては、実に見事な口上で（僕にはわからない部分が多いけど）、布のことを説明し、買わせていた。だから彼女はその辺の配信者の誰よりも上手なはずなのだ。布への愛もある。

彼女は画面に向かって、いつものちょっとハスキーな声で民族衣装のアピールをしていたが、僕に気づくと画面に向かって「ヤバッ！日本人の友だちが来たよ。何年ぶりだ？ちょっと待ってて！」と言い、携帯を放置して、僕のところにやってきた。

抱き合って再会を祝すと、そこらに置いてあったエナジードリンクと菓子をありったけ渡された。彼女なりのおもてなしだ。移転して見やすくなった彼女の店は、ライブ配信で売れたものをせっせと従業員が袋に詰め配送の準備をしていた。

布市場のこの大きな変化は、僕にとっては前向きに捉えるのが難しい。民族衣装を着る人たちがどんどん減っている今、未来に古布として残せるものはほぼ生まれない。減るだけの市場《しじょう》の最終局面において、この変化はある種とどめを刺されたという感じだった。良いものが減っていたのはコロナ前からなので、ここでの買い付けはそろそろ一区切りかなと心に留めた。

貴州では何か心が落ち着かないことがあると、雷山の窯場を訪ねる。ここでいつものようにいつもの仕事をしている窯元たちを見ると、気持ちが落ち着くのだ。

バスで雷山に向かい、雷山のバスターミナルから窯へと歩く。しかしいつも目印にしている街道沿いの登り窯が見当たらない。あれ、ここだったよな？と思うところで横道へ入ると見覚えのある景色。ああ、ついに雷山もひとつ登り窯がなくなってしまったのだ。そこに登り窯があったことすらわからないように、すでに建物が建っていた。そのほかの窯元や登り窯は、いつもと変わらない姿で残っていたのでホッとしたけれど、僕にとって目印だった窯が跡形もなく消えていたのは大きな衝撃だった。

また一方で、今回の滞在では、町の食堂や食器屋で、雷山の焼物に似せたような、より廉価で味気ない食器が目立った。これが増えてくると雷山の窯場も役目を終える日は近い。そんな気がした。この窯場に出合って十年以上、我が家でも毎日のように使っている雷山の食器。「みんげい　おくむら」が産地を買い支えることはとてもできないが、窯がゼロになるまで応援し見届けようと思う。

布市場と窯場、どちらの変化も予想はできたものの、久々の訪問時にダブルで目の当たりにすると、さすがに打ちのめされた。その夜は山羊の瘪鍋を食べ、貴州でいつか食べたいと思っていた打屁虫（カメムシ）も食べ、酒を浴びた。そのぐらい強烈な何かで気持ちを上書きする必要があった。

雷山県には今回もうひとつ滞在の目的があった。それはお茶。貴州は中国国内でさほどメジャーな茶産地ではないのだけれど、今あちこちで緑茶作りが盛んになっている。

雷山はこの本の読者にはすっかり焼き物の町のイメージかもしれないが、実際の雷山は焼き物の町という雰囲気はまるでない。町の中心部、観光客が訪れるようなエリアの土産物屋なら必ず緑茶

が置いてある。県をあげて緑茶作りに力を入れているのだ。そのひとつの柱が〝銀球茶〟という緑茶の茶葉をボール状にしたもので、これを作っている茶商を訪問させてもらった。

まず挨拶がわりにと銀球茶を飲ませてもらい、それから製茶作業を見せてもらった。二〇人ほどの工員さんがころころと茶葉を転がしてお茶作りをしている作業はよその産地では見たことのないものだった。

ひと通り工程を見せてもらうと上階へ案内された。従業員の食堂には我々のために心づくしのお昼ご飯が用意されており、わざわざ正月に出すような料理まで準備してくれていたことには感動した。メインだった地鶏と天麻の鍋は、この旅の中で強く心に残る一品であったし、鍋を囲んで食事をしたら、心の距離が一気に縮まった。横のテーブルで工員さんたちが食べていた山菜入りの酸湯が飲んでみたくて、厨房に入り女性厨師におねだりをした。味？もちろん素晴らしかった。

食後は茶畑がある山に連れていってもらった。遠くに滝を見下ろす山の上で、茶畑は素晴らしい環境にあった。周囲に住む苗族のおばちゃんたちが、二〇人ほど茶摘みに来ていた。

製茶は地域に雇用を生み出している。茶畑を後にし、老板娘と周囲の山道も歩いた。食べられる山野草を摘みながら、それは気持ちの良い散歩であった。

そして工場に戻ってまたお茶を飲む。茶畑を見た後は、その景色が目に浮かんで気持ちが良い。けれども正直なところ、お茶の味はピンとはこなかった。聞けばやはりまだ若い産地で、製茶の技術自体が高いとは言えないそうだ。今後の発展を強く願う。

27
13

この翌日は、湄潭《メイタン》という貴州で最も北に位置する遵義市の町へ向かった。地図を見ると一目瞭然だが、遵義はもともとはその北にある重慶の一部だったエリアだ。湄潭もやはり緑茶の生産が盛んな産地で、その歴史は雷山よりも遥かに古く、〝湄潭翠芽《メイタンツイーヤ》〟という名で知られている。そんな町とあって、貴州大学の茶学院というお茶の学校があるという。そこにご縁を頂き、訪問させてもらった。

若い青年たちが三人、我々を待ち受けていた。聞けば三人とも教授職のような、製茶のプロたちである。あまりに若い彼らに驚いたが、学校の廊下には彼らを含めた先生たちの写真や受賞歴などがデカデカと貼り出されていた。広い敷地では製茶の作業や茶芸の授業が行われていて、教壇で先生がお茶淹れをしているのを数十人の生徒が見つめていた。

僕らはひとりの先生の部屋で、そこで作られ販売もされているという緑茶と紅茶をそれぞれ数タイプずつ試飲させてもらった。こう言っては何だが、雷山のお茶よりも遥かにレベルが高いように感じられた。そして最も印象の良かったひとつを買わせてもらった。

その後、先生たちの勧めで近くにある茶工業博物館を見に行くこととなった。中国でお茶にまつわる博物館へ行くのは杭州に続き二カ所目だが、ここはこの町のお茶の歴史、そしてそれに伴った道具の変遷がとてもわかりやすく展示されていて、もともとあった茶工場を利用したロケーションも含め、良い博物館であった。中国茶が現代の中国において一番の民藝だと僕が主張するのも、こんなところを見てもらえればより納得してもらえそうだ。

その博物館の展示の後半に、茶壺に使っていたという大きな陶器の壺の展示があった。思わず僕は歩みを止め、その壺に見入った。地味だが良い壺だ。どうやら近隣で〝窯上《ヤオシャング》〟という産地のもの

のようだ。これは気になる。同行してくれていたビリーに相談すると、翌日の移動予定の経路からそう外れないところにある。行こう。決めた。

その夜は名物だという牛肉の鍋を食べに行った。陶芸家と料理人夫婦の子どももいたので子ども向けのものを頼もうとなったのだが、肉の炒め物で唐辛子が入らないものなどないと店のおばちゃんが言う。唐辛子入りの炒め物を唐辛子抜きで作ってくれれば良いだけの話なんだけど、それはダメだという。何度聞いてもなぜかそこに固執する。

見かねたビリーが割って入る。「彼らは日本人だぞ。日本人は普段唐辛子は食べないんだ。わかるか？　唐辛子を入れないで作れば良いだけだろ？」と。

結局は厨房からも人が出てきて、謎に大袈裟な話し合いとなったが、最終的には唐辛子が入らない炒め物が出てきて一件落着した。重慶に属していただけに、遵義は麻辣の町なのだ。味付けは麻辣であることが絶対条件なのかもしれない。確かに翌朝食べた豆花面も、貴陽で食べるものに比べたらつけダレが抜群に辛かった。

窯上村は湄潭の町から車でほんの二〇分ほどとのことだったが、村の入り口の看板を過ぎても家が数軒、あとは畑で、窯元らしき雰囲気はなかった。車を降りてビリーが聞き込みをしてくれる。そうそう、この感じ。情報がない手仕事はこうやって探していたのだった。

窯はもう少し先のようだと車を走らせるも、「今はもうやっていないらしい」とビリー。五分も走らないうちに「この辺らしいぞ」と車が止まった。

車から降りて周囲を見渡すと、すぐに畑のような場所に登り窯の跡が見られた。薮をかき分けて窯に近づく。現在は隣の家の鶏が、この登り窯を住処にしているようだった。草もボウボウに生えていて、聞けば三〇年近く前に最後の一軒が廃業したとのことだった。窯の周囲には焼き損じと思われる陶片が残っていた。飴釉のシンプルな焼き物だった。

窯跡の斜め前に小さな薬局があり、そこの七〇代くらいのご主人に今も使っている焼き物はないかと聞くと、漬物甕と油甕を見せてくれた。漬物甕はたかだか数十年だが、油甕は百年は経っているんじゃないかと言う。確かにそんな感じだ。

油甕は沖縄で言う「アンダーガーミ」。豚のラードを保存しておく容器で、吊るして保存するため甕には耳がついている。これも沖縄のものと同じ形をしており、今も油を入れて使っていた。

窯上村は無名の産地だった。中国の民窯は、この程度

薬局で見せてもらった油甕。蓋は最近のもの

の規模では滅多に本などには載らないし、情報が集まらない。車に乗り込む前に、登り窯跡から陶片をひとつ拾って持ち帰った。窯上村は確かにそこにあったのだ。

旅の終わりはひとり凱里にいた。最後の夜に深酒でやらかしたのは冒頭に書いた通りなのだけれど、友人たちを見送ってからこの町をひたすら歩いた。車で移動しない日は一日二万歩から三万歩は歩く。歩くことが目的ではないが、朝から日暮れまで何かを探して歩き回れば、だいたいそんな歩数になる。

この町に初めて来た頃は、せいぜい中国のハンバーガーチェーンが町の中心にひとつある程度だったのだが、二〇二四年、ついにこの町にもスターバックスができていた。それも二店舗も。この町にもまたひとつ大きな変化のタイミングがやってきたのだろうか。

旧市街の竹細工の問屋街はどの店も閉まることなくコロナを乗り切っていたが、またここにも変化があった。竹、ワイヤーに続き、ビニール紐のカゴが登場した。べ

登り窯の屋根に蔓が絡まる。周囲は陶片だらけ

トナムなどで見られる幅広のビニール紐ではなく、ラーメンの太麺ぐらいのまんまるなビニール紐で、それを多色使いしたなんともカラフルなカゴが存在感を示していた。キワモノかなと思ったが、すでにそれを背負って歩いている人を一定数見かけた。

その一方、まだ竹のこおろぎカゴ（P.237）はあった。スタバもできた二〇二四年現在、まだコオロギを戦わせる男たちがいるのだ。その男たちとこのカゴを編む職人を想像して、どこか誇らしい気持ちになった。僕はコオロギを戦わせる訳ではないけれど、ありったけのコオロギかごを買った。また次に来る時にも、いっぱい作っておいてもらいたい。

〝僕なりの〟中国旅のしおり

初版から情報を変更し二〇二四年版としています。相変わらずネット環境には規制が多く、また、キャッシュレス化がさらに進み、事前準備がより大事になりました。中国の状況はめまぐるしく変わるので、あくまでも現時点における〝僕なりの〟中国旅TIPSを紹介します。

○両替

キャッシュレス化が進み、タクシー運転手も釣り銭を持たない時代になりました。そんな背景もあって、町中から銀行がどんどん減っています。日本のようにコンビニにATMが配備されている訳でもありません。キャッシュレス決済を前提に旅をすべきですが、少々は現金を持っておいた方が良いです。現地での換金はATMからのキャッシングが楽ですが、ATMがなかなか見つからない場合もあり、レートは悪いですが最低限の両替を日本国内で済ませておく方が安心です。

○単位

市場での買い物は「斤」が基準。一斤は五百グラム。斤の下の単位は両（一斤は十両）。乾物などを買う場合は、ほしい分量を伝えるか、逆に値段を伝えても見合った分量を売ってくれます。

○WeChat Pay & Alipay

どちらもキャッシュレス決済に必要なアプリで、日本のクレジットカードを登録することで、現地でのキャッシュレス支払いが可能になりました。WeChatは日本のLINEのようなメッセージ機能が付き、Alipayには配車サービスや交通系IC機能も含まれています。どちらも入れておくと便利です。僕はそれぞれのアプリに複数のクレジットカードを登録して使っています。カード会社によっては中国での利用が不正利用と検知され、すぐにカード利用停止になる場合もあるので、カードが一枚だけだとちょっと不安です（コールセンターやメールで本人利用と確認できればすぐに再開できます）。

○英語

田舎の方では、公共の場所でも英語がほぼ通じません。数字も単語もダメ。Wifi環境が必要になりますが、比較的若い世代は翻訳アプリを使いこなしているので、スマートフォンに翻訳アプリ（「百度翻訳」がオススメ）を入れておくといいでしょう。

○トイレ

昔の中国の公衆トイレには仕切りがなかったというのは、よく知られていること。今では田舎のトイレも個室になり、ずいぶんよくなってきてはいますが、それでも入るのを躊躇してしまうような場面もまだまだあります。良さそうなトイレがあれば行っておくこと。そして、食堂にも公衆トイレにも基本的に紙はありません。ティッシュペーパーは常に携帯しておくべし、です。

○ホテル

チェックインは、十四時というホテルが多いが、午前中に着いてもチェックインできることがあります。チェックアウトは十二時～十四時と、日本に比べてずいぶんゆっくり。最終日の朝もしっかり楽しめます。

○クレジットカード

上海や北京など、沿岸部の大都市では多くの場所で使えますが、田舎ではほぼ使えません。VISAやMastarですら使えないことの方が多いので、もしクレジットカードが使いたいなら中国の国際カード「銀聯カード」を。ただし、少数民族の居住区などでは、銀聯カードも使えないことがあります。

○ネットワーク環境

金盾（グレートファイアウォール）と呼ばれるネット検閲が厳格な中国では、現地のWi-Fiに繋いでも、各種SNSやGoogleサービスを使うことができません。VPN（無料から有料までさまざま）に接続すれば使えるのですが、VPNの取り締まりもかなり厳しくなってきています。中国用のレンタルWi-Fiを空港で借りていくか、香港やマカオ経由のSIM（Amazonなどで事前に購入しておく）がおすすめです。

○地図アプリ

Googleマップが使えないので、中国版マップアプリ「百度地図」をインストールしておくと便利です。

○コインロッカー

これまでコインロッカーを見たことがほとんどありません。荷物を預けたい時は、泊まったホテルか、空港や駅にある荷物預かり所を利用しますが、これまでトラブルになったことはありません（貴重品はあくまで自己管理）。どちらも、短時間でも何日でも預かってくれます。

○買い物袋

コンビニでもスーパーでも、買ったものをビニール袋に入れてくれることはありません。スーパーでは、ほとんどが有料。僕はいつも、エコバッグ類を必ず持参してます。

○ジップロック

何かと使えて便利なのがジップロック。中国の田舎ではまず手に入らないので、日本から持っていく必需品のひとつです。瓶ものの調味料は蓋がゆるく漏れることが多々あるので、ジップロックに入れて密封します。

○電車

Trip.comなど事前に予約できるサイトがいくつかあります。以前と違い、web予約後に駅の窓口で切符を受け取る必要がなくなりました。パスポートを有人改札で読み込ませることで、切符替わりとなります（車両や座席は予約確認のメールかアプリで確認すること）。これにより、前ほど早く駅に着く必要がなくなりました。

○路線バス

ちょっとした移動に便利。二元、あるいは一元で乗れる路線がほとんどですが、おつりが出ないし両替もできないので、一元札は常にある程度持っておいた方がいいでしょう。

○中長距離バス

事前にバスターミナルで時刻を確認しておきます。長距離は一日一本ということも多いので、できれば事前に切符の購入を。本数が多い中距離や一～二時間ほどの路線は、たいていその場で購入できます。

○化学調味料

中国では、食堂でもレストランでも、使わない店のほうが珍しいくらい一般的。化学調味料が嫌いな人は、注文する時に「入れないで」と言えば、抜いてくれます。化学調味料（MSG）は、中国語で「味精《ウェイジン》」。中国語が話せない場合は、「不要放味精」（化学調味料を入れないで）とメモに書くなりして伝えます。また、辛いものが苦手な場合（苦手でなくてもかなり辛い場合があります）は、「不要太辣」（辛くしすぎないで）。

○酒

食堂やレストランなど、「帯酒《ダイジウ》」というお酒の持ち込み自由の店が多いのも、中国のいいところ。好きなお酒で、おいしい料理が楽しめます。ただ、サービス料を取るような店はNGな場合もあり、「禁自帯酒」と書いてある店はNGです。また、ビールは田舎だとたいてい常温で出されます。けれど、最近はほとんどの店に冷蔵庫が設置されているので、冷やしている場合もあり。冷たいものが欲しければ、「冰的《ビンダ》」と伝えてみます。

○手土産

少数民族の村を訪ねると、ものすごく歓待されることがあります。そのお礼に、お金は受け取ってもらえないことが多いので、ちょっとしたお菓子や日本の文具など、何かあげられるものを持っているといい。僕は日本らしいシールや千代紙などを用意してます。

○日本へ荷物を送る

僕は、軽めのものなら郵便局のEMSを使います。重い場合は、内陸から航空便を使うと高くつくので、かなり時間はかかるけれど船便がベター。梱包して持ち込まずに、実際に送りたいものを見せて、確認してもらった上で梱包をしてもらうといいでしょう。箱も購入可能で、梱包手数料もかかりますが、いずれも大した金額ではありません。

あとがき

スーツケースを転がしながら振り返ると、玄関の奥で「またきてねー」と坊やが言う。旅の始まりには、あまりに残酷なひと言だ。彼にとって「とうちゃん」は、たまにやってくるやさしいおじさんなのかもしれない。月の三分の二は外で過ごすという旅暮らしを許容してくれている家族には、少し申し訳ない気持ちもある。いつか息子の文七《ぶんしち》も、この本を手に取り父の仕事を理解してくれる日がくるだろうか。

中国の手仕事は、いざ踏み込んでみると、民藝の世界にあっても意外と日本に紹介し尽くされてはいなかった。それは、先達たちがこの地へ買い付けに訪れていた時代には、外国人が自由に旅行できるエリアが、今よりずっと限られていたことも大きな理由なのだろう。

アジア全域を旅し、もの探しをしていた僕が中国に焦点を絞ったのには、二人の先達の存在があった。

そのひとりが、古くからこの国を歩き回ってきた熊本の「工藝きくち」の主人、菊池典男さんだ。かつての旅で集めてきたものや、それにまつわる逸話で、いつも僕を叱咤激励してくれる。その話に影響を受けて、菊池さんが歩いた道もなぞりながら、菊池さんが入ることを許されなかった場所へと歩みを進めているのだが、何かものを見つけると、菊池さんに一蹴されるようなものではないか、と自問する。いい意味で緊張感を与えてくれる存在だ。

もうひとりは、「どこでもいい。ただ、深く掘り下げなさい」とアドバイスをくれた、岡山でオリエントの骨董と絨毯を四十年近くに渡り紹介し続けている「ギャラリーONO」の小野善平さんだ。今も折々に的確な言葉をかけてくれる。

もちろんこれ以外にもさまざまなご縁があるけれど、こと中国の手仕事においては、この二人に導かれたことが大きい。僕が日本で初めて紹介するようなものも、先達たちの道の延長上にあったものだということを忘れてはいけない。

広大な広大な中国の大地。大きな地図の中では、ほんの一部分に過ぎない雲南・貴州だが、実際に土地を歩けば、まだまだ辿り着けない場所や村々がたくさんあることを知り途方にくれる。それでも、通うほどに新しい出合いがあり、ほんのひとかけらの情報が少しずつつながって、次に向かうべき場所が見つかっていくのだ。

二〇二〇年一月七日　奥村 忍

住宿
馆
8361

奥村忍（おくむら・しのぶ）
１９８０年千葉県生まれ。慶應義塾大学卒業後、各国を放浪。のち商社、メーカー勤務を経て国内外の手仕事の生活道具を扱うWEBショップ「みんげい おくむら」を２０１０年オープン。月の三分の二は産地を巡る旅をしながら、手仕事・旅・食に関する執筆も手がける。
Instagram: mingeiokumura

在本彌生（ありもと・やよい）
東京生まれ。大学卒業後外資系航空会社で乗務員として勤務、乗客の勧めで写真を撮り始める。２００３年に初個展「綯い交ぜ」開催、２００６年よりフリーランスフォトグラファーとして本格的に活動を開始し、雑誌、書籍、展覧会で作品を発表。衣食住にまつわる文化背景の中にある美を写真に収めるべく世界を奔走している。著書に、写真集『MAGICAL TRANSIT DAYS』（アートビートパブリッシャーズ）、『わたしの獣たち』（青幻舎）、『熊を彫る人』（小学館）など。
Instagram: yoyomarch

中国手仕事紀行　増補版

発行日　二〇二五年一月一一日　初版発行

著者　奥村忍
写真　在本彌生

発行者　片山誠
発行所　株式会社青幻舎
京都市中京区梅忠町九—一　〒六〇四—八一三六
電話　〇七五—二五二—六七六六
ファクス　〇七五—二五二—六七七〇
https://www.seigensha.com

印刷・製本　株式会社八紘美術

ISBN978-4-86152-982-5 C0026

装丁・デザイン　樋口裕馬
編集　石田エリ、新庄清二（青幻舎）
地図制作　橋本麻里絵
撮影協力　楊文祥〈ジャック〉、張忠標〈ビリー〉
撮影　奥村忍（雲南省　二〇二四年、貴州省　二〇二四年）